KB188258

특이점과 초지능

이 도서의 국립중앙도서관 출판예정도서목록(CIP)은 서지정보유통지원시스템 홈페이지 (http://seoji.nl.go.kr)와 국가자료공동목록시스템(http://www.nl.go.kr/kolisnet)에서 이용하실 수 있습니다. CIP제어번호: CIP2018030852(양장), CIP2018030853(반양장)

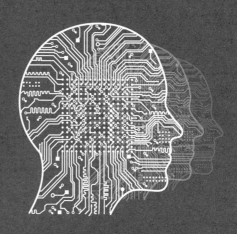

특이점과 초지능

The Technological Singularity

머리 샤나한 Murray Shanahan 지음

성낙현 옮김

이 책에서 다루는 주제들이 일부 독자에게는 환상으로 보일 수도 있다.
그러나 필자에게는 매우 현실적이고 시급한 것으로 보이며,
공상과학소설 이외의 분야에서도 주목할 만한 가치가 있다.

—I. J. Good, 『최초의 초지능 기계에 대한 고찰(Speculations Concerning the First Ultraintelligent Machine)』(1965)

AI의 실제 동기 문제야. 인간이 아니라니까.

—William Gibson, 『뉴로맨서(Neuromancer)』(1984)

옮긴이의 말

특이점에 관한 논쟁이 인공지능 분야의 대세이다. 인공지능 하면 사람들은 2016년 서울에서 열린 알파고와 이세돌 9단의 바둑 대결을 떠올릴 것이다. 알파고는 4대 1로 압승을 거두며 전 세계를 놀라게 하였다. 그 뒤 학습을 거듭하여 기보 없이 스스로 바둑을 공부하고 인간이 이해하기 어려운 경지에 이르렀다. 이제 바둑을 비롯한 특정 분야에서 인간이 인공지능을 이기기 어렵다는 사실은 우리 마음에 어두운 그림자를 드리운다.

이런 불안감을 떨쳐 내기도 전에 우리는 이미 범용 인공지능 개발이라는 목표를 향해 나아가고 있다. 우리에게 축복이 될지 돌이킬 수 없는 재앙이 될지 누구도 장담하기 어려운 문제가 우리 곁에 바짝 다가왔다. 샤나한 교수는 일단 인간 수준의 범용 인공지능이 만들어지면 그것은 자신을 개선하여 곧 인간을 능가하는 초지능으로 발전하는 시나리오를 다루고 있다. 인공지능에 대한 입문서로서 2015년에 출간한 이 책에서 샤나한은 초지능을 둘러싼 문제들이 무엇이며 어떻게 접근해

나갈지에 대해 폭넓게 다루고 있다. 오랫동안 인공지능을 연구해온 샤나한도 인공지능이 우리에게 친구가 될 것인지 적이 될 것인지 쉽게 예측하지 못한다.

우리는 이와 비슷한 일을 지난 세기에도 겪었다. 1905년 아인슈타인의 상대성이론 발표 후 핵분열이 발견되었고 이를 이용하면 매우 큰 에너지를 얻을 수 있다는 것이 알려졌다. 인류 역사상 경험해보지 못한 이 막대한 에너지는 1945년에 히로시마와 나가사키에 투하된 핵폭탄이 되기도 했고 현대 문명을 이끄는 평화적인 에너지가 되기도 했다. 지금 우리는 인류를 한 순간에 멸망시킬 수 있는 핵폭탄을 안고 살아간다.

만약 지난 세기 인류가 핵을 제대로 통제하는 방법을 일찍부터 찾아냈더라면, 지금의 세계는 더 평화로운 모습일 것이다. 21세기에 초지능이 나타날 가능성이 있다면, 인류는 이를 평화적으로 사용하는 논의를 빨리 시작해야 할 것이다.

2018년 가을
성낙현

차례

들어가며

  인공지능 연구에 일생을 바친 다른 많은 사람들과 마찬가지로, 나 역시 어린 시절에 공상과학소설을 보며 영감을 받았다. 소년 시절 나의 영웅은 실제 사람이 아니었다. 아시모프 Isaac Asimov의 『아이로봇』 소설(영화가 아닌 책)에 나오는 로봇 심리학자 수전 캘빈Susan Calvin이었다. 나는 자라서 그녀 같은 과학자가 되기를 원했다. 이제 나도 (어느 정도는) 자라서, 실제로 인지로봇공학 교수가 되었다. 이후 나는 공상과학소설과 더 복잡한 관계를 가지게 되었다. 나는 여전히 공상과학소설이 창조적 영감의 원천이고 중요한 철학적 개념을 탐구하는 매개체라고 생각한다. 공상과학소설이 탐구하는 개념들은 더 깊이 있게 다루어져야 한다. 지적인 자극을 주기는 하지만, 공상과학소설의 가장 중요한 목적은 즐기는 것이다. 그것을 생각의 지침으로 삼을 필요는 없다.

  이 책은 공상과학소설도 아니고 소위 미래학 책도 아니다. 이 책의 목적은 예언을 하려는 것도 아니다. 오히려, 특정한 시나리오나 하나의 시간 척도만을 잣대로 하지 않고, 미래에 대해 가능한 여러 시나리오들을 조사해보는 것이다. 어떤 때는 정말로 일어나지 않을 것 같거나, 아주 먼 훗날의 시나리오들이 연구할 가치가 있다. 예를 들어, 만약 어느 한 시나리오가 특별히 미래에 대해 비관적이라면, 연구할 가치가 있다. 이 경우 우리는 그 비관적 가능성을 줄이는 방법을 생각해보려 할 것이다. 예를 들어 인류가 하나의 생물학적 종으로서 진정으로 원하는 것이 무엇인가를 생각하게 하는 흥미로운 철학적 질문을 제기한다면, 가능성이 없거나 먼 훗날의 시나리오들이라도 토론할 가치가 있다. 따라서 우리가 곧 인간 수준의 인공지능을 만든다고 생각하든 안 하든, 특이점이 곧 온다고 생각하든 안 하든, 인류가 원하는 것이 무엇인가는 깊이 생각해볼 가치가 있다.

이 책은 매우 큰 주제를 간략하게 언급한 개론서로서 의미가 있으며, 많은 중요한 이슈들을 간략하게 다루고 있다. 예를 들어, 의식consciousness과 관련된 다양한 주장은 충분히 반론이 있을 만하다. 그러나 개론서에서 이러한 미묘한 문제를 모두 다룰 수는 없다. 또한 이 책은 주로 인공지능의 미래에 초점을 맞추었고, 나노과학과 생명과학은 밀접한 주제이기는 하지만 거의 다루지 않았다. 이 책은 개념적인 개요를 중립적으로 독자에게 제시하려 했고, 논쟁거리가 되는 문제들은 양쪽 주장의 요점을 모두 다루려고 했다. 중립을 지키려 했지만, 나의 주장이 내비쳐지는 것은 어쩔 수 없을 것이다.

나는 학자와 학생, 내 강연에 참가한 청중 등, 수십 년간 인공지능에 대해 나와 토론한 많은 분들에게 감사한다. 모든 분들의 이름을 다 불러 고마움을 표시하고 싶지만, 이는 불가능하다. 최근에 나에게 적절한 도움을 준 몇몇 동료들, 스튜어트 암스트롱Stuart Armstrong, 닉 보스트롬Nick Bostrom, 앤드루 데이비슨Andrew Davison, 대니얼 듀이Daniel Dewey, 랜달 쿠너Randal Koene, 리처드 뉴컴Richard Newcombe, 오언 홀랜드Owen Holland, 휴 프라이스Huw Price, 스튜어트 러셀Stuart Russell, 앤더스 샌드버그Anders Sandberg, 그리고 잔 탈린Jaan Tallinn에게 특별한 감사를 드리며, 이름을 언급하지 못한 분들에게는 죄송한 마음이다. 마지막으로 MIT 프레스와 처음으로 이 책을 쓰도록 격려해준 밥 프라이어Bob Prior에게 감사를 드린다.

2014년 10월 노스노픽과 사우스켄징턴에서
머리 샤나한

1

개론

급속도로 빠른 기술 발전으로 인해, 인간의 역사가 '특이점'을 향하고 있다는 생각이 공상과학소설의 영역을 떠나 진지한 논쟁의 영역으로 옮아가고 있다. 물리학에서 특이점은, 블랙홀의 중심이나 빅뱅의 순간처럼 수학으로 계산할 수 없는, 우리가 이해할 수 없는, 공간이나 시간상의 한 점을 의미한다. 유추해보면, 인류 역사에서 특이점은, 기하급수적인 기술 발전이 오늘날 우리가 살아가는 세상을 끝장낼 정도로 어마어마한 변화를 가져올 때, 일어날 것이다.[1] 우리가 당연한 것으로 여기는 경제, 정부, 법, 국가와 같은 기구들은 현재와 같은 형태로 존속할 수 없을 것이다. 삶의 신성함, 행복의 추구, 선택의 자유와 같은 가장 기초적인 인간의 가치들은 대체될 것이다. 개인의 존재, 살아 있는 것, 의식을 가지는 것, 사회질서의 일부분이 되는 것 등, 인간이 된다는 것이 의미하는 바는, 객관적인 철학적 사유가 아니라 실재 환경의 힘에 의해 모두 의문에 빠질 것이다.

어떤 종류의 기술적 진보가 이러한 격변을 불러올 수 있을까? 우리가 이 책에서 검증하려는 가설은, 이러한 기술적 특이점이 밀접하게 연관되어 있는 인공지능AI과 신경과학neuro-technology 분야에서, 두 영역 중 하나 또는 두 영역 모두에서 일어나는 주목할 만한 진보로 인해 촉진될 수 있다는 것이다. 우리는 이미 생명의 원료인 유전자와 DNA를 서툴게나마 다루는 방법을 알고 있다. 생명과학도 세분화하면 매우 광범위하지만, 마음을 만드는 방법을 연구하는 잠재적 영역은 훨씬 더 커 보인다.

오늘날 지성은 중요한 의미에서 고정되어 있으며 기술 진보의 범위와 속도를 제한한다. 물론 지난 천 년간 인간 지식의 양은 증가해왔고, 문자, 인쇄, 인터넷 등에 힘입어 이 지식들을 유포하는 능력도 증가해왔다. 그러나 그 기간 동안 지식을 생산하는 기관으로서의 호모사피엔스의 두뇌는 인지 능력 면에서 자연계에 대적할 존재가 없었다.

만약 인공지능과 신경과학이 그들의 목표를 완전히 달성하면, 이 상태는 변화할 것이다. 만약 지성이 기술의 생산자일 뿐 아니라 기술의 산출물이 되면, 예측할 수 없고 폭발적인 결과를 낳는 피드백 사이클이 생겨날 수 있다. 왜냐하면, 지능 자체가 만들어진다면, 지능을 만드는 바로 그것이 자신을 개선할 수도 있기 때문이다. 특이점 가설에 따르면 머지않아 보통 인간은 피드백 순환에서 제거될 것이다. 인공지능 기계들 또는 인지적으로 진보한 생물학적 지능이 인간을 뛰어 넘고, 인간은 그들과 보조를 맞추지 못할 것이다.

특이점 가설은 심각하게 받아들일 만한가? 아니면 상상의 소설 같은 이야기인가? 그것을 심각하게 받아들여야 한다는 주장 중 하나는 레이 커즈와일Ray Kurzweil이 말한 **수확 가속의 법**

지능 자체가 만들어진다면,
지능을 만드는
바로 그것이 자신을 개선할
수도 있기 때문이다.

칙에 근거하고 있다. 기술이 개선되는 속도가 기술의 우수성에 비례하는 분야는 수확 가속의 법칙을 따른다. 다시 말하면, 기술이 우수할수록 더 빨리 우수해지기 때문에, 시간이 지날수록 기하급수적으로 개선된다는 것이다.

이러한 현상의 유명한 예가 무어의 법칙이다. 이 법칙에 따르면, 하나의 칩 위에 조립할 수 있는 트랜지스터의 수가 매 18개월마다 두 배가 된다.[2] 놀랍게도 반도체 산업에서는 수십 년 동안 무어의 법칙이 지켜져 왔다. CPU 클록 속도와 통신망의 대역폭과 같은 정보기술의 다른 분야에서의 진보도 유사한 기하급수적 곡선을 따랐다. 그러나 우리가 정보기술 분야에서만 진보의 가속화를 볼 수 있는 것은 아니다. 예를 들어 제약 분야에서 DNA 염기 서열 분석 비용은 기하급수적으로 감소하고 분석 속도는 기하급수적으로 증가하고 있으며, 뇌를 스캔하는 기술의 해상도는 기하급수적으로 증가해왔다.[3]

인류 역사를 보면, 이러한 가속화 경향은 농업, 인쇄술, 전기, 컴퓨터 등 기술적으로 획기적인 사건이 일어나는 시간 간격이 점점 짧아지는 것에서 알 수 있다. 이러한 일련의 기술 발전에 앞서, 좀 더 긴 진화의 관점에서 보아도 진핵생물, 척추동물, 영장류, 인류로 진화하는 획기적 사건 사이의 시간 간격 역시 점점 줄어들었다. 이러한 사실 때문에 어떤 학자들은 인류가 먼 과거로부터 극적으로 복잡도가 증가하는 곡선을 타고 움직이고 있다고 생각하기도 한다. 어쨌든, 우리는 그 곡선이 미래로 뻗어 중요한 전환점에 이르는 기술적인 부분을 추정해보아야 한다. 그 전환점이 되면 인간의 기술은 보통 인간을 기술적으로 쓸모없게 만들 것이다.[4]

물론 모든 기하급수적인 기술 발전 추세는, 물리학의 법칙에 따라 결국 정체기에 도달할 것이다. 기하급수적인 기술 발전 추세가 이론적 한계점에 다다르지 못하고 멈추게 되는 데에는 많은 경제적·정치적·과학적인 이유가 있다. 그러나 AI와 신경과학 관련 기술 발전이 가속화되고, 마음을 가진 기계를 만들고, 지능을 가진 기계를 합성하고 다루는 능력을 키워가는 추세가 지속된다고 가정해보자. 지능 그 자체는 인공이든 실제 사람이든, 수확 가속의 법칙을 따르게 된다. 여기부터 기술적 특이점까지는 신념의 작은 도약이 있을 뿐이다.

어떤 작가들은 이 분수령이 21세기 중반에 일어날 것이라고 확신에 찬 예언을 하고 있다. 그러나 특이점이 아니면 말고 식의 예언 이상이 될 것으로 생각하는 다른 이유가 있다. 첫째, 그것이 일어나는 시기나 또는 그것이 일어나는 여부와 상관없이, 그 개념 자체가 지적 관점에서 매우 흥미롭다. 둘째, 그 가능성이 아무리 먼 미래에 있는 것처럼 보인다고 해도, 전적으로 실용적이고 합리적인 이유 때문에 오늘날 토론할 가치가 있다. 우리가 매우 진지하게 관심을 가져야 할 것이 예상되는 사건이라면, 미래학자들의 견해가 틀린다 해도 낮은 가능성이라도 주의를 기울여야 한다. 만약에 기술적 특이점이 정말로 일어난다면 그 결과는 인류에게 엄청난 지진과 같을 것이다.

이러한 잠재적 지진과 같은 결과들은 무엇일까? 기술적 특이점이 일어난다면, 어떤 종류의 세계, 어떤 종류의 우주가 생겨날까? 우리는 특이점을 두려워해야 할까, 아니면 환영해야 할까? 가장 좋은 결과를 얻기 위해 할 일이 있다면, 오늘날 또는 가까운 미래에 우리는 무엇을 할 수 있을까? 이러한 것들이 이 책에서 앞으로 제기될 질문의 요점이다. 그것들은 큰 질문들이다. 비록 개념적이지만, 특이점의 전망은 고대로부터의 중요한 철학적 물음에 새로운 시각을 제시할 것이다. 인간성의 본질은 무엇인가? 우리의 가장 기본적인 가치는 무엇인가? 우리는 어떻게 살아야 하는가? 이 모든 면에서 우리는 무엇을 포기할 수 있는가? 기술적 특이점의 가능성은 우리에게 실존적 위험과 실존적 기회를 모두 제기한다.

기술적 특이점은 인류의 생존을 잠재적으로 위협하는 실존적 위험이 될 수 있다. 과장처럼 들릴지 모르지만, 오늘날의 신기술들은 유례가 없는 잠재력을 가지고 있다. 매우 전염성이 높고, 약에 내성을 지닌 바이러스를 유전학적으로 만들어 많은 사망자를 내고 인류를 파국으로 이끌 수 있다는 것은 믿기 어렵지 않다. 미치광이만이 그러한 것을 고의로 만들 것이다. 괴물로 돌연변이 하는 바이러스를 만드는 데는 어리석음 이상의 무엇이 필요하다. 진보한 AI가 실존적 위험을 제기하는 이유들도 이와 유사하겠지만 훨씬 더 미묘하다. 우리는 머지않아 이 문제를 살펴볼 것이다. 한편 우리는 어떤 기업, 정부, 단체 또는 개인이 스스로 기하급수적으로 개선하고, 자원을 많이 소비하는 인공지능을 창조하지만, 곧 그 제어력을 잃어버릴 가능성도 고려해보아야만 한다.

좀 더 낙관적인 견해는, '실존적'이라는 단어의 더욱 철학적 의미에서, 기술적 특이점을 실존적 기회로 볼 수도 있다. 마음을 만들 수 있는 능력으로 인해 인류는 생물학적 유산을 능가하고 그에 따른 단점을 극복하는 가능성을 열었다. 이 단점 중 가장 중요한 것이 바로 죽음이다. 동물의 몸은 질병, 부상, 부패에 취약하고, 연약하다. 인간 의식이 오늘날 의존하는 생물학적 뇌는 몸의 일부분일 뿐이다. 그러나 만약 우리가 생물학적 손상을 어느 정도 고치는 방법을 획득하고, 비생물학적인 기질(substrate, 기본 물질: 옮긴이)을 이용하여 완전히 새로 만들 수도 있다면, 의식의 무한한 확장이 가능할 수도 있다.

수명 연장은 '트랜스휴머니즘transhumanism'이라고 알려진 사상의 한 단면이다. 왜 우리는 인간의 수명을 우리가 이미 알고 있는 정도로 만족해야 하는가? 만약 우리가 뇌를 다시 만들 수 있다면, 왜 뇌를 재설계하고 개량할 수는 없는가? (인간의 몸에 대해서도 같은 질문을 제기할 수 있으나, 여기에서 우리의 관심사는 지적 능력이다) 약간의 기억력, 학습 능력, 주의력 향상은 약물로 가능하다. 그러나 뇌를 바닥부터 꼭대기까지 재설계하는 능력은 더욱 근본적인 형태의 인식능력 증진과 재편성의 가능성을 제기한다. 우리는 이렇게 변형시킬 수 있는 힘으로 무엇을 할 수 있으며, 무엇을 해야 하는가? 최소한 한 가지 주장은 할 수 있다. 즉, 우리가 가진 변형 능력은 초지능을 가진 기계가 제기하는 실존적 위험을 완화시킬 것이라는 것이다. 우리가 그 과정에서 모든 인식을 넘어 변화할지라도, 그 능력이 우리가 변화를 따라갈 수 있도록 도와줄 것이다.

기술적 특이점이 실존적 기회가 될 수 있다고 보는 가장 크고 도발적인 측면은 인간의 관점을 벗어나 더욱 우주론적인 관점을 받아들여야 파악될 수 있다. 우주의 한 구석에서 물질의 이야기가 인간 사회와 그 안에 살아 있는 수많은 뇌에서 절정을 이룬다고 가정하는 것은 지극히 인간중심주의적 사고이다. 물질은 복잡도의 척도 상에서 아직도 갈 길이 먼 것 같다. 우리의 의식보다 어떤 의미에서 우월한 형태의 의식이 생길지도 모른다. 이러한 전망을 보고 우리는 뒷걸음쳐야 하는가, 아니면 기뻐해야 하는가? 우리는 그러한 아이디어를 이해할 수는 있는가? 특이점이 가까이 오든 안 오든, 이것은 질문할 가치가 있다. 적어도 우리가 그 질문에 답하려고 하는 과정에서, 사물의 질서 안에 우리 자신의 위치를 재조명하게 되기 때문이다.

2

인공지능으로 가는 길

1. 범용 인공지능

1950년에 전시 암호 해독자이자 컴퓨터 분야 개척자인 앨
런 튜링Alan Turing은 《마인드Mind》 저널에 「계산하는 기계와
지능」이라는 제목의 논문을 발표했다.[1] 그것은 인공지능이라
는 개념에 관한 최초의 진지한 학문적 언급이었다. 튜링은
2000년에는 사람들이 모순점을 눈치채지 못하는, 생각하는
기계와 대화할 것이라고 예언했다. 그는 기계들이 **튜링 테스트**
라고 알려진 시험을 통과할 것이라고 예상했다.

튜링 테스트는 일종의 게임이다. 두 명의 참가자 중 한쪽은
사람이고 다른 한쪽은 기계이다. 두 참가자는 한 명의 '심판'
과 키보드와 스크린을 이용하여 대화를 한다. 심판은 각 참가
자와 교대로 대화를 계속하여, 누가 사람이고 누가 기계인지
알아내려고 한다. 기계에 주어진 임무는 심판으로 하여금 자
기를 사람으로 믿게 하는 것이다. 이렇게 하려면 논리적으로
인간 수준의 지능이 필요하다. 만약 심판이 사람과 기계를 구
별해내지 못하면, 기계는 이 테스트를 통과한 것이다. 1950년
논문을 쓸 당시에 튜링은 기계가 튜링 테스트를 통과하는 것
이 흔한 일이 되는 세상, 그리하여 집이나 일터에서 '생각하는
기계들'이 친숙한 세상을 기대했다.

튜링의 예언에도 불구하고 인간 수준의 AI는 2000년까지

달성되지 않았고, 가까운 장래에 실현된다는 징후도 없었다. 어떤 기계도 튜링 테스트를 통과하지 못했다. 그럼에도 불구하고 최근에 인공지능 분야에서 하나의 의미 있는 획기적인 사건이 일어났다. 1997년에 IBM이 개발한 인공지능인 딥블루가 당시 체스 세계 챔피언인 가리 카스파로프를 이긴 것이다. 카스파로프는 딥블루와 게임을 할 때 그가 이겼던 예측 가능하고 기계적인 다른 체스 프로그램들과는 달리, 체스 판 저쪽에서 '생소한 지능'을 감지했다고 주장했다.[2]

AI의 역사에서 뒤로 물러서서 이 순간을 깊이 생각해보는 것은 유익하다. 이 분야에서 반세기 전이라면 최고로 여길 만한 성과를 달성했다. 즉, 기계가 인간을 앞질렀다. 물론 자동차는 인간 달리기 선수보다 빠르고 기중기는 역도 챔피언보다 훨씬 무거운 것을 들어올린다. 그러나 지적인 능력이야말로 인간을 다른 동물들과 구별 짓는 것이고, 체스는 철저히 지적인 활동이다.

컴퓨터 체스는 해결되었지만, 우리는 튜링의 시대보다 인간 수준 AI에 접근한 것 같지는 않다. 어떻게 된 것일까? 딥블루의 문제점은 그것이 전문가라는 것이다. 그것이 할 수 있는 일은 오직 체스를 두는 일이다. 이를 평범한 성인과 비교해보자. 내가 지금 노트북 컴퓨터를 가지고 앉아 있는 카페의 창 앞으로 방금 지나간 사무직 근로자를 예로 들어보자. 그녀의 하루는 도시락을 싸고, 자녀들의 숙제를 도와주고, 운전해서 직장으로 가고, 이메일을 작성하고, 복사기를 고치는 등 여러 행위들의 연속일 것이다. 이 각각의 행위를 좀 더 자세히 들여다보면, 여러 가지 감각 운동적인 기술들의 연습을 필요로 한다. 도시락을 싸는 일만 해도, 그릇과 양념을 여기저기서 찾고, 통을 열고, 다지고, 자르고, 바르는 등의 행위를 포함한다.

간단히 말해, 인간은 이른바 '제너럴리스트generalist'이자 팔방미인이다. 인간 체스 챔피언은 체스를 두는 것 외에도 매우 많은 일을 할 수 있다. 게다가 인간은 적응할 줄 안다. 복사기를 고치는 일은 타고난 능력이 아니고 학습된 것이다. 사무직 근로자가 다른 시대나 다른 문화에서 태어났다면, 그녀는 다른 기술들을 획득했을 것이다. 그리고 그녀가 불행히도 현재의 직업을 잃는다면, 그녀는 다른 직업을 위해 재훈련을 할 수 있다. 체스를 비롯한 다양한 전문가 영역에서 성공한 AI 연구의 성과가, 적응할 줄 아는 지능을 가진 범용 기계를 만드는 데에는 실패한 것과는 대조적이다. 그러면 우리는 어떻게 해야 **범용 인공지능**을 만들 수 있을까? 기계 초지능에 대한 정보를 바탕으로 추측하기 전에, 먼저 우리는 이 질문에 답을 해야 한다.[3]

생물학적 지능에 꼭 필요한 특징은 몸을 가지는 것이다. 딥블루와 달리 인간은 몸을 가지고 있으며, 뇌는 몸의 일부이다.

동물의 뇌는 몸의 '웰빙'을 유지하고 몸이 지니는 유전자를 영속시키기 위하여 진화되어왔다. 몸은 자체를 움직이게 해주는 근육을 가지고 있고, 그 임무를 보조하기 위하여 주변 상황에 따라 움직일 수 있도록 해주는 감각기관을 가지고 있다. 뇌는 감각 운동 순환계의 중심에 자리 잡고 있어, 동물은 지각하는 것에 따라 행동을 결정한다. 인간의 지능은, 그 위대한 업적에도 불구하고, 근본적으로는 동물의 지능을 확장한 것이다. 그리고 인간의 언어, 이성, 창조성은 모두 감각 운동에 토대를 두고 있다.

　범용 인공지능을 만들려면, 신진대사와 재생산과 같은 생물학적 생명에 필수인 것은 없어도 되겠지만, 몸은 필수 요소이다. 복잡하고 다양한 생물과 무생물에 둘러싸인 어수선하고, 동적인 물리적 환경에 관여하는 것은 지능의 근본 욕구일 것이다. 튜링 테스트는 오직 언어만으로 검사하기 때문에 이런 면에서 기준으로 불충분하다. 인공지능을 신뢰할 만하게 판단하는 오직 한 가지 방법은 우리와 같은 환경 속에서 그 행동을 관찰하는 것이다. 이러한 사고방식에 따르면, 인간 수준의 AI를 만드는 유일한 방법은 로봇 공학을 이용하는 것이다. 나중에 우리는 이 몸의 원리에 도전하는 이론들을 살펴볼 것이다. 당분간 몸의 원리를 인정한다면, 인간 수준의 AI를 만드는 문제를 달리 정의할 수 있다. 로봇에게 어떻게 범용 지능을 부여할 것인가?

　아마도 범용 지능은 많은 전문적 감각 운동 기술들을 단순히 합한 것일 것이다. 문제는 단순한데, AI는 아직 그것들을 충분히 복제하지 못했다. 로봇이 일정한 임계값을 넘는 기술들을 가지면, 범용 지능은 어떻게든 나타날 것이다. 만약 우리가 많은 공학적 문제들을 겉으로 보기에 그럴듯하게 해결하더라도 범용 지능은 어렵다. 그러한 접근법을 이용한 산물들은 범용 지능의 모습을 잠깐 보여주겠지만, 누구도 오래 속이지는 못할 것이다. 여러 분야의 전문가라도 전문 영역에서 벗어나는 문제에 직면하면 꼼짝 못할 것이다. 이는 끊임없이 변화하는 세계에서 피할 수 없는 결과이다.

　학습 능력이 그 간극을 메울 수 있을 것이다. 낯선 상황에서 새로운 전문 기술을 배울 수 있는 학습 능력이 기술 목록을 늘리고 유지하는 데 꼭 필요하다. 다양한 형태의 학습은 모든 지능의 배경이다. 그러나 학습은 시간이 많이 걸리고 위험하다. 적절한 범용 지능의 특징은 현재의 행동 목록으로 새로운 도전들에 적응해가는 능력이다. 그 과정에서 시행착오나 제3자에 의한 훈련에 의지하지 않고 적응해가야 한다.

2. 상식과 창조성

　그러면 전문가의 한계를 극복하고 기계에게 적절한 범용 지능을 부여하려면 무엇이 필요할까? 그러한 기계를 위해 가장 필요한 것은 **상식**과 **창조성**일 것이다. 상식을 가진다는 것은 물리적 사회적 환경 속에서 일상생활을 하는 법을 이해하고 있다는 것을 보여주는 것이다. 예를 들어 당신이 어떤 곳을 계속 돌며 걸으면 출발한 제자리로 돌아오게 된다. 다른 예를 들어보면, 만약 당신이 방금 온 길을 따라 걸어서 돌아간다면 당신은 같은 이정표들을 역순으로 만나게 된다. 이런 원칙들은 그 적용 범위가 좁은 영역에 한정되지 않으므로, 쓸모가 있다. 그것은 보편적이고 재사용이 가능하다.

　상식의 원리에 숙달하기 위해 필요한 것은 무엇인가? 이 질문에 대답하는 구조에 관해서는 말할 필요가 없다. 특히 숙달을 위해서 그 원리를 언어와 유사한 형태의 내적 표현으로 나타내야 한다고 가정할 이유는 없다. 대신에 그것은 행동으로 나타날 것이다. 마찬가지로 상식이 결여되어도 행동으로 나타날 것이다. 예를 들어, 우리 집 뒤에 사는 수탉은 문 위로 날아올라 울타리를 벗어나는 것을 좋아한다. 그러나 그 수탉은 나가서 오래 있지 못하고 암탉들과 재회하려고 다시 들어오기를 원한다. 이때 수탉에게 필요한 것은 오직 문 위로 날아서 돌아오는 것이지만, 수탉은 문 앞에서 애타게 이리저리 서성 거릴 뿐이다. 수탉은 날아서 나가는 행동이 역으로도 가능하다는 상식을 모르고 있다.

동물의 행동에서 이와 같은 이해력의 맹점이 나타나지 않으면, 그 동물이 상식을 갖고 있다고 말할 수 있다. 물론 동물뿐 아니라 사람에게도 이러한 고려 사항들이 사회적 영역으로 확대되어 적용된다. 특히 일상 세계에 대한 공유된 이해는 언어의 핵심이다. 당신이 출근했는데, 한 무리의 동료들이 비를 맞으며 건물 밖에 서 있다고 가정해보자. 당신은 가장 가까이 있는 사람에게 "당신은 무엇을 하고 있습니까?" 하고 묻는다. 만약 그녀가 "나는 비를 맞으며 서 있습니다"라고 정직하게 대답하더라도 당신은 이를 이상하게 여길 것이다. 그렇지 않고 그녀가 "화재경보예요"라고 말하면, 정보에 대한 인간의 욕구를 이해하는 상식과 그 정보를 얻기 위해 필요한 대화의 역할을 보여주는 것이다.

범용 지능을 위해 두 번째로 중요한 사항은 창조성이다. 이러한 종류의 창조성은 위대한 화가, 작곡가 또는 수학자들만이 가지는 것은 아니다. 오히려 창조성은 모든 인간이 가질 수 있고, 아이들이 이를 충분히 보여준다. 창조성은 혁신하고, 새로운 행동을 유발하고, 새로운 것을 발명하고, 옛 것을 사용하는 새로운 방법을 고안하는 능력이다. 창조성은 어린아이가 즉흥적으로 춤을 출 때처럼 엉뚱하고 장난스러울 수도 있다. 정원의 배치를 계획하는 것이나 가계 지출을 줄이는 방법을 고안하는 것처럼 창조성은 목표 지향적일 수도 있다. 이러한 사소한 창조적 행동들은 인간사의 커다란 계획에서는 새로울 것이 없어 보인다. 그러나 각각의 경우에 창조성을 발휘하는 것은 개인에게 가지고 있는 행동 목록 이상을 요구한다. 즉 각각의 행동을 개조하거나, 여러 행동을 조합하여 행동할 것을 요구한다.

창조성과 상식은 상호 보완적이다. 창조성으로 인해 개인은 새로운 행동을 할 수 있다. 그러나 그 행동이 초래하는 결과를 예상하기 위해서는 일상 세계에 대한 상식적 이해가 필요하다. 상식을 결여한 창조성은 어둠 속에서 허우적거리는 것에 불과하다. 한편 창조성이 없는 상식은 융통성이 없다. 상식과 창조성을 모두 구사할 수 있는 지능은 강력하다. 지능은 친숙하지 않은 도전에 직면했을 때, 창조적 능력의 도움으로 행동의 무수한 가능성을 찾아 적절히 대응하도록 해준다. 또 결과에 대한 상식적 이해를 하므로, 근육을 씰룩거리거나 모터를 돌리기 전에 가장 근사한 결과를 예상할 수 있다.

동물인지 연구자인 알렉스 카셀닉Alex Kacelnik이 이끄는 옥스퍼드의 과학자 연구팀은 2002년에 누구나 알 수 있는 자연적 혁신의 좋은 예를 발표했다.[4] 그들은 특별히 영리한 종인 뉴칼레도니아 까마귀들의 도구 사용을 연구했다. 음식이 담긴 작은 바구니와 큰 관으로 구성된 기구로 실험을 했다. 새들이 바구니 손잡이를 잡을 수 없도록 관의 아래쪽에 바구니를 놓아두고, 새들에게 구부러진 철사를 주었다. 새들은 곧 이 철사를 음식바구니를 걸어 꺼내는 갈고리로 사용했다. 어떤 경우에는 울타리 안의 새들에게 갈고리가 없는 곧은 철사만 하나 주었다. 새 가운데 베티라는 이름의 새는, 훈련 받은 적이 없는데도, 철사의 한쪽 끝을 기구의 구멍에 넣어 구부려서 철사를 갈고리로 만들어 음식을 꺼내는 데 사용했다.

베티의 행동은 창조성과 상식의 혼합이다. 쓸모없는 철사 가닥을 구부리는 아이디어를 떠올리는 데는 창조성이 필요하다. 또한 결과를 예상하기 위해서는 잘 휘어지는 물질을 이해하는 상식이 필요하다. 만약 이러한 인지적 요소들이 동물들에게 놀라운 결과를 만들 수 있게 해준다면, 언어를 사용하는 인간들에게는 훨씬 더 유용할 것이다. 같은 반 친구에게 창의적인 욕을 하는 남학생은 언어적 창조성과 인간 심리를 이해하는 상식을 혼합한 것이다(그러나 그는 선생님 앞에서는 그런 욕을 하면 안 된다는 상식을 결여했다). 이것은 사소한 예이다. 그러나 피라미드에서부터 달 착륙까지 모든 인간적 성취는 층층이 쌓인 앞선 발명 행위의 산물이다. 인간 수준의 범용 인공지능이 이와 비슷한 업적을 세우려면, 이와 유사한 상식과 창조성의 조합을 보여야 한다.

3. 가능한 AI의 범위

  인공지능에 대한 요구 사항이 그렇게 명확하다면, 즉 인공
지능이 약간의 창조성과 약간의 상식만을 요구한다면, 왜 그
분야에서 지난 60년 동안 진척이 별로 없었을까? 성공은 고사
하고, 인간 수준의 AI가 실현 가능할까? 인간 수준의 AI를 만
들기가 이토록 어렵다면, 초지능 AI를 추측해보는 것은 무슨
의미가 있을까? 우리는 범용 지능의 **행동적** 특징을 살펴보았
다. 그리고 아직까지는 생물학적 뇌 분야에서나 인공물 분야
에서나, 그것을 실현하는 **구조**에 대해서는 토론을 회피해왔
다. 우리는 이 질문들을 고민하기 전에 빠뜨린 것을 바로 잡아
야 한다. 우리는 구체적 구조에 대한 생각 없이, AI의 미래를
그릴 수 없다. 컴퓨터과학 용어로 말하면 우리는 설계 명세서
뿐만 아니라 구현에 대해서도 생각해야 한다.
  하나의 설계 명세서를 여러 방법으로 구현하는 것은, 컴퓨
터과학에서 매우 흔한 일이다. 그래서 우리의 과업은 더욱 어
려워진다. 왜냐하면 하나의 제품만을 생산하는 소프트웨어
회사와는 달리, 우리는 인공지능의 가능한 **모든 영역**에 관한

우리는 구체적 구조에
대한 생각 없이 AI의
미래를 그릴 수 없다.
컴퓨터과학 용어로
말하면, 우리는 설계
명세서뿐만 아니라 구현에
대해서도 생각해야 한다.

하나의 아이디어를 형성하려고 하기 때문이다. 게다가 가까운 장래에 어떤 혁명적 기술이 개발되어 오늘날 우리가 상상할 수 없을 정도의 범용 인공지능을 만들어낼지도 모른다. 그렇지만 우리는 현재의 다양한 AI 연구학설들에 근거하여 추정할 수밖에 없다.

가능한 AI의 영역을 분류하는 한 가지 유용한 축은 생물학적 충실도이다. AI의 작동이 생물학적 뇌의 작동을 얼마나 비슷하게 흉내 낼 수 있는가? 이 축의 한 끝에는 생물학적 지능을 관장하는 원리와 매우 다른 원리를 따라 공학적으로 만든 AI들이 있다. 이 축의 반대 쪽 끝에는 생물학적 뇌를 상세한 수준의 물리적 세부 사항까지 베껴낸 뇌에 기초한 AI가 있다. AI의 역사 내내 이 스펙트럼의 어느 점에서나 이를 옹호하는 방법론적 학설들이 있었다. 각 학파의 인기는 올라가기도 하고 수그러들기도 했다. 그러나 어느 학설도 승리자가 되지는 못했고 각자 옹호하는 주장이 있을 뿐이다.

예를 들어 동력 비행기의 역사에 관한 진부한 비유에 의하면, 공학적으로 만든 AI는 첫째 유형의 비행기와 비슷하다. 나는 기계의 초기 설계는 새를 흉내 내어 펄럭이는 날개를 가지고 있었다. 그러나 이 접근법은 실패했고, 고정 날개와 프로펠러가 인간이 만든 물체를 하늘에 띄우는 가장 좋은 방법으로 나타났다. 마찬가지로 유추하면, 인공지능도 자연을 모방하는 노력으로는 앞으로 나아갈 수 없고, 컴퓨터를 위한 완전히 새로운 공학적 원리들을 고안함으로써 전진할 수 있을 것이다.

이 견해에 대해 반대하는 사람들은 유추에 의한 논증을 의심하며, 생물학적 뇌는 범용 지능의 유일한 본보기라고 주장할 수 있다. 우리는 범용 지능을 신경 기질로 만들 수 있다는 것을 알고 있다. 이 기질을 인공적으로 복제할 수 있다면, 우리는 성공을 확신할 수 있다. 컴퓨터를 이용한 생물학의 영감을 받은 이 접근법은 가장 극단적 견해이지만, 상당히 보수적인 과학기술의 가정 하에서 성공할 것이 확실하다.

공학적으로 AI를 만드는 것에 대해서는 할 말이 많으므로, 우리는 이 주제에 대하여 적절한 때에 다시 다룰 것이다. 그러나 당분간 우리의 초점이 되는 것은 **전 뇌 에뮬레이션**whole brain emulation(전체 뇌를 모방한 소프트웨어: 옮긴이)으로 알려진 컴퓨터를 이용한 생물학적 접근법이다.[5] 전 뇌 에뮬레이션은 미래에 범용 인공지능을 창조하는 실행 가능한 단계일 뿐 아니라, **정신 업로드**mind uploading 하는 길로 선전되기도 한다. 정신 업로드는 특정 부류 트랜스휴머니즘의 중요 목표이기도 하다. 마지막으로, 전 뇌 에뮬레이션의 단순한 개념은 철학적 사고 실험에 유용하다. 전 뇌 에뮬레이션 개념은 인공지능, **기계 의식**, 개인의 정체성과 관련된 강력한 철학적 주장의 근간을 형성하고 있다. 이 모두는 이 책의 주제와 매우 밀접한 관련이 있다.

전 뇌 에뮬레이션은
미래에 범용 인공지능을
창조하는 실행 가능한
단계일 뿐 아니라,
정신 업로드 하는 길로
선전되기도 한다.
정신 업로드는
특정 부류
트랜스휴머니즘의
중요 목표이기도 하다.

3

전 뇌 에뮬레이션

1. 뇌의 복제

전 뇌 에뮬레이션은 정확히 무엇인가? 간단하게 말하면, 컴퓨터 같은 비생물학적 기질subtance 위에 특정한 뇌의 정밀한 복제품을 만든다는 아이디어이다. 상세한 것을 이해하기 위해, 우리는 신경과학의 기본을 조금 이해할 필요가 있다. 동물의 몸 안에 있는 다른 모든 기관과 마찬가지로, 척추동물의 뇌는 수많은 세포로 이루어져 있다. 그 세포의 대부분이 **뉴런**이다. 뉴런은 각각 정교한 신호처리를 할 수 있는 놀라운 전기장치이다. 뉴런은 소마라고 하는 하나의 세포체, 하나의 **축삭돌기**, 그리고 한 세트의 **가지돌기**로 이루어져 있다. 거칠게 말하면 가지돌기는 뉴런의 입력이라고 볼 수 있고, 축삭돌기는 출력이라고 생각할 수 있으며, 소마는 신호 처리를 담당한다.

뉴런은 서로 연결되어 있으며, 복잡한 네트워크를 형성하고 있다. 축삭돌기와 가지돌기는 나무처럼 수많은 가지들이 뻗어 나와 다른 뉴런들의 축삭돌기, 가지돌기들과 뒤얽혀 있다. 한 뉴런의 출력인 축삭돌기가 다른 뉴런의 입력인 가지돌기에 근접한 점에는 **시냅스**가 형성된다. 시냅스는 화학물질들을 정교하게 교환하여 신호를 한 뉴런에서 다른 뉴런으로 전달한다. 그리하여 두 뉴런은 서로 소통하게 된다. 인간의 뇌는 800억 개 이상의 어마어마한 수의 뉴런을 가지고 있다. 그러나 뉴런이 동물의 뇌와 척수 등 **중추**신경계에만 있는 것은 아니다. **말초**신경계 역시 뉴런으로 이루어져 있다. 이 뉴런들은 감각 신호를 피부, 눈, 위장 등 몸에서부터 뇌로 보내고, 운동 신호를 뇌에서부터 척수를 경유하여 근육, 분비선 등 몸의 다른 부분으로 보낸다.

뇌의 행동은 전기적 행동과 화학적 행동이 상호작용한 결과이다. 특히 뉴런의 행위는 도파민과 세라토닌 같은 화학적 **신경전달물질**에 의해 조절된다. 이 화학물질은 특별한 목적을 가진 뉴런들에 의해 만들어진다. 그 뉴런들은 길게 뻗은 축삭돌기에서 화학물질을 분사하여 뇌 전체에 퍼뜨린다. 신경 조절 화학물질도 피를 통해 뇌에 전달될 수 있으며, 대부분의 향정신성 약물은 이러한 방법으로 작용한다.

뇌는 뉴런으로만 만들어진 것은 아니다. 뇌에는 피를 각 부분에 보내고, 모든 전기신호를 발생시키는 데 필요한 에너지를 보내는 혈관계도 포함하고 있다. 그리고 뇌는 수많은 소위 신경아교세포(신경조직의 구조물인 신경아교질에 존재하는 세포: 옮긴이)들을 가지고 있다. 한때 이것은 뉴런과 그에 딸린 축삭돌기와 가지돌기를 고정시키는 역할을 하는 단순한 일종의 접착제로 생각되었다. 그러나 신경아교세포도 비록 뉴런보다는 느린 속도지만, 신경아교세포만의 고유한 신호를 전달하는 것으로 보인다.

개별 뉴런의 신호처리 방법은 대개 알려져 있다. 세부 사항은 복잡하지만 간단히 말하면, 각 뉴런은 그 가지돌기 입력에 가해진 신호를 합산하여 축적한다. 그리하여 합계가 한계치를 넘으면, 뉴런은 축삭돌기를 따라 하나의 파동 또는 자극을 방출한다. 이 과정에 대한 정밀한 묘사는 1950년대에 앨런 호지킨 Alan Hodgkin과 앤드루 헉슬리 Andrew Huxley가 그 수학적 모형을 만듦으로써 알려졌다. 그들은 이 공로로 노벨 의학상을 받았다.

뇌의 본질적 속성은 **가소성**(외부의 힘을 받아 쉽게 변형되는 성질: 옮긴이)이다. 태아기와 유아기 뇌의 연결은 뇌의 성장 동안 극적인 재구성을 겪는다. 축삭돌기와 가지돌기는 식물의 뿌리처럼 자라난다. 새로운 연결을 설정하기 위해 막대한 거리(신경세포 수준에서)를 더듬어 나아가고, 중복되는 연결은 버린다. 게다가 한 동물의 생애 내내 뉴런의 연결은 그 설정이 계속 변화하여 학습과 기억을 가능하게 한다. 이러한 가소성의 과정은 훌륭한 수학 모형으로 나타낼 수 있다.

이 간단한 설명은 뇌에 대해 수박 겉 핥기식으로밖에 보여주지 못한다. 그리고 우리가 알고 있는 것은 우리가 알아야 할 것의 지극히 일부일 뿐이다. 그러나 우리가 뇌의 내부 작용에 대해 더 많이 이해할수록 다음 가설에 신뢰를 더해준다. 그 가설은 현실적으로도 철학적으로도 매우 중요하다. 인간의 행위는 들어오는 감각 신호와 나가는 운동 신호를 중재하는 뇌의 물리적 과정에 의해 결정된다.

인간의 행위를 이해하기 위해 우리는 몸이 있는 동물이 물리적·사회적 환경과 상호작용한다는 맥락에서 인간의 행위를 바라봐야 한다. 그렇지 않으면 뇌의 활동은 의미가 없다. 그러나 이 진부한 이야기는 가설과는 무관하다. 달리 말하면, 그 주장은 바로 우리가 보고 듣고 만지는 것으로부터 우리가 행하고 말하는 것으로 이끄는 매우 복잡한 인과관계의 고리에서 우연한 신비나 잃어버린 고리는 없다는 것이다. 전 뇌 에뮬레이션의 가능성은 이 주장에 달려 있다.

2. 전 뇌 에뮬레이션의 3단계

전 뇌 에뮬레이션은 뇌 지도 그리기, 시뮬레이션, 몸 구현의 3단계 과정으로 생각할 수 있다.[1] 첫 번째 단계는 대상의 뇌를 초미세 수준의 높은 공간 해상도로 그리는 것이다. 최소한 앞뇌forebrain 전체가 뇌 지도 그리기에 포함되어야 한다. 이는 뇌의 고도 인지 기능과 연관된 부분, 특히 대뇌피질(회백질)과 그 연결망(백질), 그리고 편도체와 기저핵 같은 감정과 행동의 선택과 관련 있는 구조가 스캔되었다는 것을 말한다. 뇌 지도 그리기 과정은 최소한 모든 뉴런과 모든 시냅스, 뉴런 수준의

전 뇌 에뮬레이션은
뇌 지도 그리기,
시뮬레이션, 몸 구현의
3단계 과정으로
생각할 수 있다.

신경망, 즉 모든 축삭돌기와 모든 가지돌기 사이의 연결망 위치와 특징을 파악해내야 한다. 그 결과는 특정한 뇌의 특정한 시기에 관한 정교하게 인쇄된 청사진이 될 것이다.

두 번째 단계는 이 청사진을 사용하여 모든 뉴런과 그 연결의 전기화학적인 행동에 관한 실시간 시뮬레이션을 구축하는 것이다. 이와 같은 시뮬레이션은 컴퓨터 신경과학 분야에서 사용하는 표준 기법을 사용하여 구축할 수 있다. 예를 들어, 호지킨-헉슬리 모형과 같은 뉴런의 행위에 관한 수학적 모형을 이용할 수 있다. 여기에서 근본적인 기법은 날씨 또는 날개 주변 유체의 흐름을 시뮬레이션하는 기법과 같다. 작은 뇌라도 이러한 방법으로 시뮬레이션을 하려면 상당한 컴퓨팅 자원이 필요하다.

세 번째 단계는 시뮬레이션을 외부 환경에 접속하는 것이다. 지금까지 우리가 가진 것은 매우 복잡하고 몸이 없는 컴퓨터 장치이다. 상자 속에서 작동하는 무력한 **시뮬레이션**을 외부 세계 속에서 행동하는 **복제물**로 바꾸기 위해서는 몸이 필요하다. 비록 가상 세계의 몸이라도 필요하다. 이 가능성은 나중에 논의할 것이다. 시뮬레이션은 입력 신호가 그 생물학적 원형의 신호와 비슷할 것으로 예상하고, 생물학적 원형의 출력 신호와 같은 신호를 발생시킨다. 따라서 합성 몸이 생물학적 원형의 몸과 형태상으로나 기계적으로 유사하다면, 시뮬레이션한 뇌를 합성 몸에 접속하는 것은 쉬울 것이다.

만약 뇌 지도 그리기와 시뮬레이션 단계에 성공하여, 환경으로부터 같은 입력이 주어지면, 시뮬레이션 뉴런의 행동은 개별적으로도 전체적으로도 원래의 생물학적 뇌와 실질적으로 구별할 수 없다. 원래의 뇌와 완전히 같은 것을 기대하기는 어렵기 때문에 '실질적'이라는 단어가 중요하다. 초기 조건에서의 아주 작은 차이가 시간이 지나면서 전체 체계의 행동에 커다란 차이를 가져온다는 수학적 의미에서, 뇌는 혼돈 상태의 체계이다. 결국 뇌 지도 그리기 과정에서의 작은 오류나, 계산 과정에서의 수치 반올림 오류로 인하여 시뮬레이션의 행동은 마침내 생물학적 원형의 행동과 다른 방향으로 갈라지게 될 것이다.

그러나 이러한 한계가 성공적인 복제에 장애가 되지는 않는다. 만약 이러한 미시적인 편차가 충분히 작다면, 복제물의 거시적 규모의 외부 행동은 분명히 생물학적 원형의 행동과 구별하기 어려울 것이다. 관찰자의 입장에서는 복제물이 주어진 환경에서 생물학적 원형과 같은 결정을 내리고, 같은 행동을 하는 것으로 보일 것이다. 만약 그 대상이 사람이라면, 그 또는 그녀의 친구와 가족들은 같은 습관을 보여주고, 같은 식으로 말하고, 같은 기억을 가지고 있다고 주장하는 에뮬레이션이 그들이 알고 있는 사람과 묘하게도 똑같이 행동한다고 인정할 수밖에 없을 것이다.

3. 뇌 지도 기술

인간의 전 뇌 에뮬레이션 아이디어는 기술적으로 문제가 많고 철학적으로는 도전적이다. 인간의 전 뇌 에뮬레이션 아이디어는 적당한 시기에 다시 생각해보아야 할 주제이다. 지금은 기술적·철학적 문제를 야기하지 않는 뇌가 작은 쥐를 생각해보자. 쥐의 전 뇌 에뮬레이션을 위해서는 무엇이 필요할까? 어떤 종류의 기술이 필요할까? 세 단계를 차례로 보기로 하자.

21세기 초반의 기술을 이용하여 쥐의 뇌를 상세하게 구조적으로 스캔하는 한 가지 방법이 있다. 첫째, 그 운 좋은(운 없는) 쥐를 죽인 후 뇌를 추출한다. 둘째, 그 앞뇌를 매우 얇은 박편 조각으로 잘라낸다. 셋째, 각 박편을 전자현미경을 이용하여 영상화하고 디지털화한다. 넷째, 이 많은 영상들을 가지고 각 뉴런의 위치와 유형, 각 축삭돌기와 가지돌기의 모양, 각 시냅스의 위치와 유형 등을 컴퓨터를 이용하여 재구성한다. 그 결과는 원래 뇌의 본질을 대부분 포함하는 매우 큰 데이터 집합이 될 것이며 우리가 필요로 하는 청사진과 유사하다.

그러나 에뮬레이션을 구축하는 것으로 충분할까? 이러한 구조적 스캔은 모양, 정렬 방법, 상호 연결 방법과 같은 뇌의 구성 요소에 관한 순간의 스냅 사진에 불과하다. 그것은 우리에게 동적 역학과 구성 요소들이 상호작용하는 방법에 대해서는 직접적으로 알려주지 못한다. 구조적 스캔의 공간 해상도가 높을수록 더 작은 뉴런의 미세 구조를 포함할 것이고, 컴퓨터상에서 수학 모형을 사용하여 뉴런의 그럴듯한 행동을 재구성하기가 쉬울 것이다. 하지만 고해상도 스캔이라고 하더라도 시냅스의 연결 강도처럼 그 모형에 필요한 모든 매개변수를 나타낼 수는 없을 것이다. 이 모든 매개변수가 채워지지 않으면, 컴퓨터 시뮬레이션을 위한 수학적 모형은 소용이 없다.

그러나 구할 수만 있다면, 뉴런의 전기적 움직임에 대한 기록은 저해상도 구조적 스캔의 단점을 보완할 수 있다. 이렇게 하는 방법 중 가능한 한 가지는 다시 21세기 초반 기술을 이용하는 것이다. 즉 뉴런이 활성화될 때 형광을 내도록 염색한 유전자 조작 쥐를 이용하는 것이다. 그러면 대뇌피질에 빛을 비춤으로써, 보통의 광학현미경으로도 뇌에 있는 모든 뉴런의 움직임을 기록할 수 있다.[2] 이것은 쥐가 죽기 전, 그리고 쥐의 뇌를 박편으로 자르기 전에 실행해야 한다. 그 후에 채워지지 않은 매개변수의 값을 찾기 위해서 자동화 기술을 사용할 수 있다. 이 매개변수를 모형에 대입하면 기록된 데이터가 가장 정확하게 재생된다.

이와 같은 스캐닝과 기록 기술은 매우 촉망되는 기술이다. 그러나 쥐의 뇌는 7000만 개 이상의 뉴런을 가지고 있고, 각 뉴런은 수천 개의 시냅스가 연결되어 있다. 인간의 뇌는 800억 개 이상의 뉴런과 수십조 개의 시냅스를 가지고 있다. '박편-스캔' 수순과 같은 컴퓨터 집약적인 방법은 이런 큰 숫자들과 싸워야 한다. 무어의 법칙이 이러한 방법의 어려움을 해결할 것 같지도 않다. 앞서 언급한 형광 현미경 방법도 역시 한계가 있다. 비록 그것이 탁월한 공간 해상도를 가지고 있어서 개별 뉴런들을 관찰할 수는 있지만, 상대적으로 시간 해상도가 낮아서 개별적으로 촉발되는 사건들을 식별할 수는 없다. 그러나 다행스럽게도 생명공학과 나노과학의 진전으로 뇌 지도를 그리는 다양한 접근법이 곧 나타날 것 같다. 두 가지 후보만 살펴보기로 하자.

우리는 유전공학에서 응용할 수 있는 한 가지를 언급했다. 또 하나가 있다.[3] 쥐의 뇌에 있는 모든 뉴런들이 각 뉴런 마다 독특한 DNA 서열을 포함하도록, 즉 'DNA 바코드'를 가지도록 우리가 쥐를 유전학적으로 조작할 수 있다고 가정하는 것이다. 그러면 모든 뉴런이 개별적으로 바코드를 가지게 되어, 시냅스 공간 사이로 유전적 물질을 운반하도록 특별히 조작된 바이러스에 쥐의 뇌를 '감염'시킬 수 있다. 이는 시냅스-전

pre-synaptic 뉴런의 DNA가 시냅스-후 post-synaptic 뉴런의 DNA와 결합할 수 있게 해준다. 이는 DNA의 새로운 가닥을 만들 것이다. 이 가닥들은 문제의 두 뉴런 사이의 시냅스 연결을 나타내는 두 개의 바코드를 포함한다.

그리하여 쥐의 뇌는 뉴런들 간 상호 연결을 유전학적으로 암호화한 수십억에 달하는 기록의 저장소가 된다. 다음 과제로 이 데이터를 추출하기 위하여 DNA 염기 서열분석 기술을 이용할 수 있다. 이 방법을 이용하면, 초미세 영상과 영상처리 등 데이터와 컴퓨터를 이용한 계산 측면에서 비용이 많이 드는 중간 단계를 거치지 않고, 뉴런 수준의 커넥톰 connectome(신경망을 도식화한 것: 옮긴이)을 얻을 수 있다. 게다가 이 방법의 애로사항인 DNA 염기 서열 분석법의 속도와 비용은 인간 염기 서열 프로젝트 후에 이미 기하급수적으로 발전했다.

이것은 유망한 기술이지만 앞서 기술한 박편-스캔 절차와 같이, 뇌를 모방하는 데 필요한 데이터를 제공할 뿐이다. 뇌의 구조는 밝혀 주겠지만 기능을 밝혀 주지는 못한다. 여기서 나노과학이 필요하다. 나노 기술은 쥐의 신경 행동에 관한 지도를 그릴 수 있게 해주어, 청사진의 잃어버린 상세한 부분을 채울 수 있다. 생명과학과 나노과학은 모두, 아주 작은 것의 어마어마하게 큰 숫자를 이용하는 강력한 아이디어에 기반을 두고 있다. 생명과학의 경우 매우 작은 것은 바로 생물학적인 바

이러스, 박테리아, DNA 가닥들 등이다. 이 아이디어는 매우 작은 비생물학적인 것에도 마찬가지로 적용된다. 나노 기술 분야는 크기가 수십 나노미터인, 즉 1미터의 수억 분의 1 크기인 물체를 다루는 것이다.

나노과학은 많은 응용이 가능하며, 그중 많은 부분이 이 책과 관련이 있다. 그러나 당분간 우리는 관심을 뇌-행동의 지도에만 한정할 것이다. 나노 스케일에서는, 수백만 분의 1미터에 불과한 뉴런의 체세포도 커 보인다. 따라서 우리는 뉴런의 세포막이나 시냅스에 가깝게 달라붙어서 뇌혈관 네트워크를 자유로이 수영할 수 있는 나노 스케일 로봇을 만드는 상상을 할 수 있다.[4] 나노 로봇이 뉴런의 요동하는 막전위membrane potential(막에 의해 격리된 두 전해질 용액 사이에 생기는 전위차: 옮긴이)를 감지하여 급등이나 급락을 감지하고, 이 정보를 바로 대뇌피질 근처에 있는 미세 규모의 중간 기착지 조직들에게 보낸다. 이 중간기착지들의 역할은 무수히 많은 '신경전달장치'로부터 들어오는 데이터를 수집하고, 이 데이터를 신경과학자가 데이터를 수집하는 바깥 세계에 내보내는 것이다.

이런 것들은 아직 추측에 근거한 사변적인 제안이지만, 가까운 장래에 가능할 것임을 암시한다. 상세한 예측을 하거나 기술 진보의 일정표를 예측하는 것이 이 책의 목적은 아니다. 오히려 이 책의 목적은 일련의 가능한 미래에 대한 시나리오와 그로 인한 결과를 모두 살펴보는 것이다. 여기서 분명한 점은 쥐의 뇌를 성공적으로 복제할 수 있을 정도로 상세한 청사진을 만드는 데 장애물은 개념적인 것이 아니라 기술적인 것이다. 게다가 그 장애물은 때가 되면 생명공학과 나노과학의 결합으로 극복될 것이다. 그것은 10년이 걸릴 수도 있고 50년이 걸릴 수도 있다. 그러나 역사적으로 보면, 한 세기도 매우 짧은 시간이다.

그 동안에 스캐닝 기술의 발전보다 과학의 발달을 더 필요로 하는 다른 가능성도 고려해야 한다. 지금까지 우리는 다 자란 동물의 뇌를 복사하려고 했다. 만약 복제물이 원래 동물과 구별할 수 없을 정도로 학습한 행동, 습관과 선호를 재현하도록 하려면 매우 상세하고 정확하게 스캔을 해야 한다. 그 대신에 새로 태어난 쥐들의 뇌를 현재 기술이 허용하는 한에서 상세하게 스캔한다고 가정하자. 그러면 모든 데이터를 통합하고, 뇌를 규정하는 다른 쥐의 데이터를 가능한 한 많이 이용하여, **갓 태어난 쥐의 뇌에 관한 평균치**를 통계적 모형으로 만들 수 있을 것이다.[5]

이와 같은 통계적 모형의 도움으로, 미성숙 쥐의 뇌 각각을 뉴런-대-뉴런, 시냅스-대-시냅스 수준으로 어느 정도 정확하게 묘사할 수 있다. 이 경우 개별 쥐에 대한 묘사는 서로 약간씩 다르지만 전반적으로는 통계적 모형을 따르게 된다. 이 묘사들 중 어느 것도 실제 쥐의 뇌와 일치하지는 않을 것이다. 그러나 그 모형을 충분히 규정할 만한 데이터가 있다면, 각 묘사는 독자적으로 생존 가능한 쥐의 뇌를 나타낼 것이고, 컴퓨터 시뮬레이션으로 구체화되어 몸을 가질 수 있다.

4. 신경 시뮬레이션 기술

여러 가지 방법으로 적절하게 획득한 뇌에 관한 상세한 묘사 덕분에 우리는 시뮬레이션을 실행할 수 있다. 시뮬레이션을 실행할 수 있는 기반이 되는 물질은 다양하게 선택할 수 있다. 즉 전통적 디지털 컴퓨터로부터 주문 제작한 아날로그 기계, 화학적 또는 생물학적 컴퓨터까지 선택할 수 있다. 가장 일반적인 구현 방법은 우리 책상 위에 놓인 컴퓨터부터 휴대 전화에 내장된 것까지 여러 디지털 컴퓨터와 관련 있다. 기존의 모든 컴퓨터는 한 번에 한 순간을 시뮬레이션하는 데 사용할 수 있다. 즉 변수들을 규정하는 다수의 미분방정식이 주어지면, 이 변수들이 어떻게 변경되는지 시뮬레이션할 수 있다. 뉴런 하나의 여러 구성 요소의 전기적 화학적 성질들은 이러한 방법으로 모형을 만들 수 있다. 예를 들어 앞에서 언급한 호지킨-헉슬리 방정식도 사용할 수 있다.

물론, 우리가 하려고 하는 일은 하나의 뉴런만을 시뮬레이션하는 것이 아니라 함께 연결된 많은 뉴런들을 시뮬레이션하려는 것이다. 그러므로 문제가 되는 방정식에 의해 규정되는 많은 변수들이 있다. 우리의 과제는 이 변수들을 동시에 시뮬레이션하는 것이다. 한 번에 하나의 연산만을 수행하는 전통적 직렬 컴퓨터에서 어떻게 이것이 가능할까? 다행히 뉴런은 느리다. 활성화된 상태에서도 전형적인 뉴런은 수 밀리초(1/1000초: 옮긴이)마다 자극을 방출한다. 전형적인 뉴런이 두 개의 자극을 방출하는 활동은 같은 시간 동안 보통의 3GHz 데스크톱 컴퓨터가 천만 번 이상 수행할 수 있다. 따라서 멀티태스킹을 이용하여 한 번에 여러 뉴런을 시뮬레이션할 수 있다. 시뮬레이션하는 시간의 각 밀리초에, 컴퓨터는 뉴런 1을 시뮬레이션하는 데 1밀리초의 아주 작은 부분만을 사용하고, 뉴런 2를 시뮬레이션하는 데 1밀리초의 아주 작은 부분만을 사용하는 등, 수만 개의 뉴런을 동시에 시뮬레이션할 수 있다.

그러나 쥐의 뇌라고 할지라도 수천만 개의 뉴런을 포함하고 있어서, 실시간으로 정확하게 이들을 모두 시뮬레이션하는 데는 엄청나게 많은 계산이 필요하다. 1980년대와 1990년대에는 컴퓨터 프로세서의 연산 속도가 기하급수적으로 늘어났지만, 21세기 초반에는 이 추세가 느려지고 있다. 가장 빠른 직렬 프로세서라도 쥐의 뇌에 있는 모든 뉴런을 시뮬레이션할 수는 없다. 다행히 현 시점에서는 **병렬처리**가 이 부담을 감당해줄 수 있다. 한 번에 하나의 연산만 수행하는 직렬처리기 대신에, 각각 수천 개의 뉴런을 시뮬레이션할 수 있는 다중처리기를 동시에 사용하여 시뮬레이션할 수 있다. 한 명의 벽돌공이 평생에 걸쳐 지을 수 있는 벽돌집을 수천 명이 지으면 1주일이면 지을 수 있듯이, 하나의 빠른 프로세서로는 실시간으로 시뮬레이션할 수 없지만, 느리지만 많은 수의 병렬 프로세서를 이용하면 뇌 전체를 시뮬레이션할 수 있다.

사실 뇌 자체도 대량 병렬처리를 최대한 활용하고 있다. 각 뉴런은 작고 독립적인 정보처리 단위로 생각할 수 있다. 그 입력은 가지돌기에 가해지는 일련의 신호이다. 그것은 막 전위와 시냅스의 강도와 같은 여러 가지 물리량의 형태로 메모리를 가지고 있다. 뉴런 그 자체는 가지돌기의 '입력'과 '메모리'의 현재 상태, 그리고 뉴런이 그 축삭돌기에 전달하는 '출력' 신호로 만드는 함수값을 지속적으로 '계산한다'. 이러한 비유에 따르면, 뇌의 근본적인 기능은 수백만 개의 작은 프로세서들이 동시에 일하는 대량 병렬 계산이다.

병렬 계산의 비유는 우리가 실제 뉴런의 물리학과 화학을 살펴보면 맞지 않는 점도 있다.[6] 그러나 병렬 계산은 생물학적 뇌가 아주 작은 것을 무수히 많이 활용하는 원리의 중요한 예이다. 뇌를 시뮬레이션하기 위해서는, 비록 다른 기질 안에서라도, 우리는 같은 원리를 적용할 필요가 있다. 2010년대 중반의 슈퍼컴퓨터들은 모두 거대 병렬 기계이므로, 전 뇌 에뮬레이션의 전망은 밝다. 게다가 내장된 프로세서의 숫자가 증가함에 따라 무어의 법칙으로 프로세서 하나의 가격은 기하급수적으로 낮아졌다.

이렇게 특별한 기술적 경향의 많은 부분에서 우리는 컴퓨터 게이머들의 도움을 받고 있다. 그들이 더 나은 환경에서 게임을 하고 싶어 하기 때문에, 더 싸고 성능 좋은 그래픽 처리장치GPU의 개발을 유도했다. GPU는 원래 많은 배열의 픽셀들을 다루기 위해 개발된 것이지만, 그 구조는 기본적으로 범용 병렬 컴퓨터의 구조와 비슷하다. GPU의 효율성과 성능이 증가하고 가격이 내려갈 때, 그것들은 핵반응 또는 기후의 모형화와 같이 대량의 병렬 계산을 요구하는 새로운 응용 분야를 찾아냈다. 2012년에 세계 최고 성능의 컴퓨터인 크레이사의 타이탄은 18,688개의 GPU를 가진 하이브리드 구조에 기반을 두고 있다. 그 안의 각 GPU 역시 강력한 병렬 컴퓨터이다.

5. 뇌-규모 계산

다음과 같은 조건이 갖추어지면 2010년대 중반에는 가장 강력한 컴퓨터를 이용하여 쥐의 뇌 전체를 시뮬레이션하는 것이 가능할 것이다. (1) 성공적인 에뮬레이션에 필요한 물리적 세부 사항 수준이 충분히 낮고, (2) 필요한 미세 수준의 청사진을 가지고 있어야 한다. 우리는 두 번째 조건을 만족시키기 위한 몇몇 기술적 대안들을 이미 논의한 바 있다. 첫 번째 조건에 대해서는 아직 결론이 확실치 않다. 시냅스 전달의 화학 작용, 신경아교세포의 구조, 가지돌기와 축삭돌기 모양 등을 추상화하여, 뉴런을 단순한 점과 같은 수학적 객체로 취급하여도, 실제와 같은 행위 결과를 얻을 수 있을까? 만약 그렇다면 전 뇌 에뮬레이션에 필요한 계산은 뇌의 이러한 모든 측면을 모형화하는 것보다는 자릿수가 작다.

이제 신경과학이 이 물음에 답해야 한다. 그러나 그 답이 우호적이라 하더라도, 쥐의 뇌에서 사람 뇌로 (따라서 사람 수준의 지능으로) 확대하는 것은 규모에서 엄청나게 차이가 난다. 여기서 공학적 도전은 필요한 만큼의 초당 부동 소수점 연산FLOPS: floating point operations per second 횟수뿐 아니라, 작은 용량과 낮은 전력 소비 방식으로 수행해야 한다는 것이다. 평균적인 사람(남성)의 뇌는 단지 $1250cm^3$에 불과하고 20W의 전력만을 소비한다. 반면 2013년 세계에서 가장 강력한 슈퍼컴퓨터인 'Tianhe-2'는 24MW의 전력을 소비하고 $720m^2$를 점유하는 건물에 있었다. 그러나 그것은 가장 보수적인 가정하에서도, 아직 사람 뇌를 시뮬레이션하는 데 필요한 계산 능력의 일부만을 갖고 있다. 즉 대량 병렬처리에도 불구하고, 전 뇌 에뮬레이션 방법으로 인간 수준의 AI를 만들기 위해서는 전통적 디지털 컴퓨터를 넘어서는 것이 필요하다.

또 하나의 유망한 접근법은 **뉴로모르픽**neuromorphic 하드웨어이다.[7] 이 아이디어는 현재의 범용 컴퓨터 기술을 이용하기보다는, 인간 뇌를 유사하게 닮은 맞춤형 하드웨어를 구축하는 것이다. 하나의 뉴런에서 막전위의 몇 밀리초 단위 변화를 시뮬레이션하기 위해서, 전통적인 디지털 하드웨어는 수백 개의 2진 부동 소수점 연산을 수행한다. 이는 수천 개의 트랜지스터 스위칭 이벤트를 포함한다. 각 이벤트는 전력을 소비하고 열을 발생한다. 막전위 자체는 실제 물리량과 같이 지속적으로 변화하기보다는 단계별로 변화하는 2진수로 표현된다. 뉴로모르픽 접근법은 이러한 디지털 도구들을 버리고 뉴런과 같이 행동하는 아날로그 부품들을 사용한다. 막전위는 연속적으로 변화하는 전하의 실제 물리량으로 표시된다. 결과는 전력 소비 면에서 훨씬 효율적이다.

전 뇌 에뮬레이션을 위한 가능성 있는 뇌 지도 기술들 중에서, 우리는 현재의 기술(예: 박편-스캔)을 확장하거나, 이미 가능해 보이는 초기 기술(예: DNA 바코딩)을 성공적으로 개발하거나, 또는 이론적으로는 가능하나 매우 투기적인 기술(예: 신경 나노봇)을 사용하는 패러다임 변환 등을 예상한다. 신경 시뮬레이션 기술을 이용하면, 우리는 유사한 가능성을 발견할 수 있다. 우리는 이미 전통적인 디지털 구조를 사용하는 대량 병렬 슈퍼컴퓨터를 논의한 바 있다. 우리는 방금 신경 구조와 유사한 하드웨어를 언급했는데, 이는 소수의 뉴런들을 시뮬레이션하기 위한 대안 기술로서는 안정되지만, 아직 규모를 엄청나게 키워야 한다.

아주 먼 지평선에는 무엇이 있을까? 양자 컴퓨터의 가능성에 대한 비상한 관심이 있다. 이것은 흥미 있는 주제이다. 그러나 대규모의 신경 시뮬레이션은 양자 컴퓨터가 이론적으로 잘 해낼 수 있는 분야는 아니다. 예를 들어 중첩 superposition 과 같은 특이한 양자 효과는 다루기 힘든 탐색 문제를 푸는 데 사용할 수 있다. 그러나 전 뇌 시뮬레이션을 위한 계산 수요는 탐색 문제가 다루기 힘들다는 것과는 관계가 없다.[8] 그 계산 수요는 실제로 큰 병렬처리 여부에 영향을 받는다. 우리에게 필요한 것은 평범한 하드웨어 내에서 집적도의 물리적 한계를 넘어 무어의 법칙이 지속되는 것이다. 이러한 물리적 한계는 빛의 속도, 원자의 크기, 하나의 비트를 다른 상태로 바꾸는 데 필요한 최소한의 에너지 같은 것이다.

하나의 후보는 **양자점 세포 자동자**, 즉 QDCA quantum dot cellular automata 이다.[9] 여기에서 '양자'라는 단어를 사용함에도 불구하고, 하나의 QDCA는 양자 컴퓨터가 아니다. 오히려 하나의 양자점은 적은 전력만을 사용하여 상태를 매우 빠르게 변환하는, 트랜지스터와 같이 작동하는 나노 스케일의 반도체와 같은 장치이다. 4개의 양자점을 정사각형 모양으로 배치하여 양자점 세포를 형성할 수 있으며, 여기에 1비트의 정보를 저장할 수 있다. 양자점 세포들은 하나의 그리드에 펼쳐져서 세포 자동자를 형성하며, 논리게이트와 통신 채널로 편성된다. 이것들은 디지털 전자장치의 기본 요소이며, 아주 작은 프로세서들로 조립될 수 있다.

금속-산화막 반도체, 즉 CMOS Complementary metal-oxide-semi-conductor와 같은 평범한 실리콘 기술에 비하여, QDCA의 장점은 막대한 집적이 가능한 것이다. 그것은 약간의 전기만을 소비하고 열을 내지 않으면서, CMOS보다 같은 면적에 훨씬 더 많은 개폐 장치들을 배치할 수 있다. 그러나 QDCA의 실용화는 수십 년이 걸릴 것이다. 당분간 반도체 산업에서는 전통적인 프로세서 디자인을 유지할 것으로 보인다. 무어의 법칙을 연장하기 위한 노력으로 오늘날 사용되는 2차원 실리콘 박막 대신에 3차원 스택 트랜지스터를 활용하게 될 것이며, 더 작고 더 효율적인 트랜지스터를 만드는 매체로서 실리콘 대신 탄소 나노 튜브를 채택할 것이다.

한 가지는 분명하다. 2010년대의 전자산업은 물리적으로 수행할 수 있는 계산의 이론적 한계에 가까운 정도의 컴퓨터를 만들기에는 아직 멀었다. **컴퓨트로니움**computronium이라는 용어는 그 물질 속에서 초당 연산 수행 수가 어떠한 원자 구조에서도 물리적으로 가능한 최대 수가 되는 어떤 (신화적인) 물질을 뜻한다. 물리학자 세스 로이드Seth Lloyd는 그렇게 이론적으로 완벽한 컴퓨터는 1킬로그램의 질량과 1리터의 부피를 갖는다면 1031비트에 대하여 초당 5.4×10^{50}회의 논리연산을 수행할 수 있다고 계산했다. 이는 오늘날의 컴퓨터보다 39자릿수만큼 더 큰 놀라운 것이다.[10]

실제로 이런 계산 능력을 가질 가능성은 별로 없다. 그러나 이러한 능력의 작은 부분만으로도 인간 뇌를 고밀도로 시뮬레이션하기에는 충분하다. 결국 인간의 뇌는 부피가 1리터가 조금 넘고, 놀랍게도 20W 정도의 전기만을 소모한다. 우리가 대량의 뉴런을 시뮬레이션하거나, 비생물학적 방법으로 AI를 만들더라도, 초지능 기계를 만들려는 주요 동기는 오늘날 우리가 가진 컴퓨터보다 더 강력한 컴퓨터를 가지려는 기대이다.

6. 로봇공학: 몸을 구현하는 기술

뇌 지도 그리기와 시뮬레이션의 기술적 장애가 어떻게든

극복되었다고 가정하자. 쥐의 앞뇌를 정교하고 상세하게 복제하여 움직이는 복제 모형이 만들어졌다고 가정하면, 공정의 마지막 단계는 시뮬레이션 두뇌를 인조 로봇의 몸에 접속하는 것이다. 이 단계에서만 우리는 원래의 동물과 같은 행동을 할 수 있도록 시뮬레이션을 검사하고 조정할 수 있다. 로봇의 몸은 원칙적으로 쥐의 몸과 유사한 여러 형태를 가질 수 있다. 몸이 쥐와 유사할수록 접속과 관련된 문제들은 적어진다. 따라서 우리는 당분간 바퀴와 딱딱한 껍질을 가진 몸이 아니라 근육과 뼈대와 네 다리를 가진 부드러운 몸을 가정하자. 마찬가지로 로봇의 몸이 생체를 모방한 눈, 귀, 그리고 (매우 중요한) 수염 등의 센서들을 가지고 있다고 상상해보자. 이 센서들은 실제 쥐의 형상에 맞는 신호를 전달한다.

말하자면 지금 우리는 한 손에는 쥐의 시뮬레이션 앞뇌를 가지고 있고, 다른 손에는 인조 몸을 가지고 있다. 문제는 실제 동물의 경우에는 앞뇌와 몸의 다른 부분이 깔끔하게 분리되지 않는다는 것이다. 사실상 앞뇌는 뉴런들과 그 신경계 전체가 동물의 몸에 머리부터 발끝까지 스며드는 것이다. 이는 강과 강의 지류가 열대림에 스며드는 것과 같다. 우리는 앞뇌를 이 신경계의 나머지 부분으로부터 '잘라내는' 것을 선택함으로써 운동 협응motor coordination과 말초신경계 전체에 관여하는 소뇌를 포함한 중추신경계의 상당히 많은 부분을 버렸다.

사람의 앞뇌가 습관, 기호, 전문성, 기억, 성격처럼 특정인이 되게끔 하는 것을 내포하고 있다고 믿는 것은 이유가 있다. 마찬가지로, 쥐의 앞뇌가 특정 쥐의 '본질'의 많은 부분을 품고 있다는 것도 타당하다. 그러므로 앞뇌에 초점을 맞추는 것은 정당하다. 그러나 앞뇌만의 지도를 그리고 시뮬레이션하는 것은 양탄자를 반으로 찢는 것과 같다. 이제 우리는 원래의 무늬를 완벽하게 복구하기 위해서, 하나씩 비단실을 이어서 이를 다시 연결해야 한다. 더 나쁜 것은 우리가 양탄자의 반쪽을 버리고 잃어버린 반쪽의 무늬를 추측하여 사전 지식 없이 공학적으로 합성해야 한다는 것이다.

  쥐의 몸은 양탄자의 잃어버린 반쪽에 해당한다. 그리고 앞뇌 시뮬레이션은 찢어진 비단 가닥이 허공에 널려 있듯이 무수히 많은 입력들과 출력들이 끊어진, 우리가 가진 양탄자의 반쪽이다. 불행하게도 앞뇌 시뮬레이션의 입력과 출력은 어느 선을 로봇 몸에 연결해야 하는지를 알려주는 꼬리표가 없다. 기술자는 어떻게든 두뇌에서 나가는 운동 신호가 어떤 유형의 근육 운동의 원인인지를 알아내야 한다. 그리고 두뇌로 들어오는 어떤 입력 신호가 어떠한 감각적 자극 유형으로부터 오는지도 알아내야 한다. 특별히 시각과 촉각의 경우에는 그 연결들이 '지형적으로' 정리되어 있으므로, 하나의 감각 뉴런의 대뇌피질 안에서의 정확한 위치는 그것을 알아내는 단서가

된다. 그러나 이 정보는 로봇 기술자의 작업을 위한 배선도로
는 너무나 부족하다.

그것이 어려운 이유는 다음과 같다. 동물 행동의 전형은 앞
뇌, 신경계의 나머지 부분들, 몸의 나머지 부분과 같은 시스템
의 각 부분이 다른 부분들에 유기적으로 적응하여 함께 성장
하고 개발된다. 따라서 이 문제를 피하는 방법은 뇌 지도 그리
기 단계에서 범위를 넓히는 것이 될 수도 있다. 앞뇌의 지도만
을 그리는 대신에, 몸을 고해상도의 3D 구조로 묘사함으로써
중추신경계와 말초신경계를 망라하는 전체 신경계의 지도를
만드는 것은 어떨까? 그러면, 우리는 전 뇌의 컴퓨터 시뮬레
이션 복제품을 구축할 뿐 아니라, 특정 쥐의 말초신경계와 근
골격 구조의 특징을 포함하는 고유한 쥐의 몸을 정확히 복제
할 수 있다. 우리는 이미 관련 기술에 발을 들여 놓고 있으므
로 이 능력을 몸 전체로 확대할 수도 있다.

한편, 모든 말초신경계와 근골격계에 대한 스캐닝을 하는
대신, 복제의 대상이 살아 있을 때 기계 학습 기술을 적용하여
두뇌의 감각 활동과 그 결과인 몸의 움직임 간의 관계를 알아
낼 수 있다. 그 관계를 안다면, 뇌에서 발생한 운동 신호를 로
봇의 인조 몸이 이해할 수 있는 명령으로 번역하는 접속 방법
을 구축할 수 있고, 뇌에 고유 감각 신호proprioceptive signals와 뇌
가 기대하는 촉각 피드백을 줄 수 있다. 이 방법의 장점은 합

성 몸이 원래의 몸을 닮아야 할 필요가 없다는 것이다. 만약 복제물을 최소한의 눈금 조정으로 즉시 사용 가능하게 하려면, 쥐의 경우에는 네 개의 다리와 발, 씰룩거리는 코와 같은 기본 몸의 원래 상태를 지켜야 한다. 그러나 기발한 인터페이스로 쥐의 근육과 특징들을 정확하게 재생할 필요는 없다.

만약 우리가 가진 강력한 학습 도구인 시뮬레이션된 뇌 자체를 이용한다면, 몸을 정밀하게 복제할 필요성도 감소된다. 생물학적 뇌는 적응의 달인이다. 인간은 자동차 운전, 비행기 조종, 기중기와 굴착기 조종 등을 배울 수 있다. 숙련된 운전자, 비행사, 조종사에게 기계는 몸의 확장이 될 수 있다. 게다가 지독한 장애로 고통 받는 사람들은 그들이 처한 곤경에 적응하는 놀라운 능력을 가지고 있다. 즉 휠체어, 인공 팔다리, 다른 인공 기관들을 사용하는 방법을 배운다. 시뮬레이션 뇌는 형태를 만들기 쉽고 적응을 잘한다. 복제물을 바로 사용할 것이 아니라면, 원래의 몸에 완벽하게 맞는 감각 운동 신호로 움직이는 몸도 필요 없다. 훈련 또는 '재활rehabilitation' 기간이 이 부적합한 것들을 보완할 수 있다.

행동 데이터에 맞게 인터페이스를 만들거나, 재활 기간을 도입하거나, 이 두 방법을 결합하여 사용함으로써 복제가 가능한 몸의 유형을 확장할 수 있다. 왜 복제된 쥐를 쥐의 몸에만 가두어두는가? 복제된 창조물은 여섯 개의 다리 또는 바퀴

생물학적 뇌는
적응의 달인이다.

를 가질 수도 있다. 만약 기술자들이 "시야의 중앙에 있는 물체까지 움직여라"라는 명령에 해당하는 수학적 모형을 가지고 있다면, 그들은 쥐의 인조 뇌가 원할 때마다 쥐의 인조 몸을 쥐의 시야 중앙에 있는 물체로 움직이게 할 수 있다.

시뮬레이션 뇌는 익숙하지 않은 몸에 적응할 수 있다. 또한 보철물 분야와 뇌-기계 접속 분야에서의 발전 덕분에, 새로운 몸도 시뮬레이션 뇌에 적응하도록 설계할 수 있다. 현대의 인간 보철물은 수동 장치가 아니다. 오히려 보철물은 문어의 촉수처럼 독립적으로 정교하게 움직일 수 있다. 그러나 이를 효과적으로 하기 위해서, 보철물은 그 주인의 의도를 알아내는 방법을 배워야 한다. 뇌-기계 접속 분야는 기계 학습을 빠르게 적용해가고 있다. 또한 기계 학습이 개발하는 기술들은 전 뇌 에뮬레이션에 도움을 준다. 만약 시뮬레이션 뇌와 인조 몸이 서로 적응할 수 있다면, 새로운 몸의 유형에 맞추어 재활하는 것이 촉진될 수 있을 것이다.

7. 가상 몸

생물학적 뇌는 감각 운동 순환의 일부이다. 이 순환은 연속적인 시간 속에서, 뇌가 3차원 공간 세계에 놓인 몸의 움직임을 지시할 수 있게 한다. 동물 뇌의 기능적 시뮬레이션 또한 틀림없이 감각 운동 순환의 일부이다. 그 입력과 출력은 몸을 가진 진짜 뇌의 입출력과 기능적으로 동일해야 한다. 시뮬레이션된 뇌를 **물리적**으로 로봇 몸에 접속하는 것은 이를 달성하는 한 방법이다. 다른 한 가지 방법은 동물의 몸과 그 동물이 사는 물리적 환경에 관한 상세한 **시뮬레이션**을 구축하는 것이다. 시뮬레이션된 쥐의 뇌는 시뮬레이션 발, 수염, 털 등이 완비된 시뮬레이션 쥐의 몸에 접속할 수 있으며, 시뮬레이션 잔디, 시뮬레이션 울타리, 시뮬레이션 치즈 등을 포함한 가상 세계에 풀어놓을 수 있다. 이 가상 세계의 모든 것은 쥐의 감각 운동 기관이 실제와 구별할 수 없을 만큼 충분히 고해상도로 표현되어야 한다.

이러한 기술은 이미 확립되어 있으며, 우리는 이에 대해 다시 비디오 게이머의 경제적 공헌에 감사해야 한다. 더 실감나게 게임을 즐기고 싶은 게이머들의 요구에 맞추어, 개발자들은 가상 세계에서 물체의 움직임을 시뮬레이션할 수 있는 더욱 정교한 **물리 엔진**을 만들었다. 물리 엔진은 게임 세계에 존재하는 수많은 물체들이 움직이고 서로 부딪힐 때, 중력, 마찰 등의 영향을 고려하여 그 위치와 방향을 유지시켜준다. 컴퓨터 게임에서 이러한 정보를 유지하는 이유는 게임 속 인물 또는 인물 바로 뒤의 관점에서 물체를 표현하려는 것이다. 가상 몸에서 물리 엔진의 역할은 시뮬레이션 뇌를 위한 입력과 출력을 제공하는 것이다.

응용 프로그램이 게임이든 가상 몸이든, 그 공학적 난점은 같다. 고형 물체가 상대적으로 시뮬레이션이 더 간단하다. 근육이나 풀잎같이 부드럽거나 유연한 물체들은 시뮬레이션하기 어렵다. 연기나 먼지와 같은 미립자 물질은 더욱 까다롭다. 그러나 그래픽 전문가들은 오래 전부터 이러한 문제들을 해결해왔다. 사회적 동물의 뇌를 시뮬레이션하기 위한 인공지능들은 특별히 더 어렵다. 그 인공지능들은 현대 게임들 속의 AI처럼, 단순히 정해진 행동들을 반복하는 조잡한 시뮬레이션일 수도 있으나, 실제 세계에 사는 인간의 아바타가 될 수도 있다. 또는 범용 지능을 가진 완전하게 실현된 AI일 수도 있다.

이 마지막 선택은 시뮬레이션 환경 속에 사는 인공지능이라는 완전한 가상 사회의 가능성을 보여준다. 가상 사회에서는 현실의 생물학적 제약으로부터 해방되어 음식과 물과 같은 자원을 위해 경쟁할 필요가 없게 된다. 이는 생물학적 몸에 갇혀 살고 있는 인공지능들의 세계에서는 불가능하다. 충분한 컴퓨팅 자원이 주어지면, 가상 사회는 현실보다 훨씬 빠른 속도로 작동할 것이다. 즉, 가상 세계에서의 밀리초는 현실 세계에서 10분의 1밀리초 내에 시뮬레이션될 수 있다.

만약 그와 같은 가상 세계에 사는 AI들이 사회에서 자신들을 개선하기 위해 일하거나 또는 더욱 지능적인 후계자를 만든다면, 실제 세계에서 AI의 진보는 그만큼 가속될 것이다. 그리고 AI가 기술적 전문성을 실제 세계에 돌려보내 그들이 의존하는 컴퓨터의 기본 물질을 개선할 수 있다면, 가속화는 더욱 가속될 것이다. 이것이 특이점과 유사한 시나리오로 가는 한 가지 길이다. 그 결과는 폭발적인 기술 변화이고, 그 결말은 예측이 불가능하다.

8. 에뮬레이션과 개선

더 가까운 미래로 가보자. 전 뇌 에뮬레이션은 범용 인공지능을 만들기 위한 한 방법일 뿐이다. 이는 공학적으로 가능한 해법들 중에서 생물학적으로 가장 정확한 것으로 볼 수 있고, 이 해법은 의미가 있다. 왜냐하면 약간 보수적으로 철학적, 과학적, 기술적인 가정을 하더라도, 조만간 적어도 쥐 수준의 범용 인공지능이 나타날 것이기 때문이다.

이 가정들 중 중요한 것은 바로 (1) 인간과 동물의 지능적 행위는 두뇌 활동에 영향을 받으며, 이는 물리학 법칙을 따른다. (2) 에뮬레이션의 행동을 그 생물학적 원형과 구분이 안 되게 하기 위한 물리적 세부 수준은 극도로 미세한 것은 아니다. (3) 현존하는 뇌 지도 그리기와 컴퓨팅 기술들은 짧은 기간 안에 충분히 쥐 수준의 2~3자릿수 정도로 확장될 것이다. 여기서 대부분 사람들이 궁금해할 짧은 기간이란 '그들의 생애 안에' 또는 '그들의 자녀 생애 안에'를 말한다.

첫째 가정은 사람들 대부분이 수긍할 만한 철학적 입장이다. 둘째 가정은 많은 과학적 질문을 하게 만든다. 그것은 예를 들어, 우리가 개별 신경아교세포들을 시뮬레이션하지 않고도 잘 해나갈 수 있다는 것, 생물학적 뇌가 이산형이 아니라 연속성 특성을 갖는 것이 시뮬레이션의 장애가 아니라는 것, 양자 효과를 무시할 수 있다는 것 등을 의미한다. 셋째 가정은 우리가 쥐에 한정하는 한 컴퓨터의 연산 능력에서는 현실적이고, 뇌 지도 그리기 기술에서는 합리적이다. 따라서 쥐 수준의 범용 인공지능이 가능할 뿐 아니라, 가까운 시기에 성공하리라는 결론에 도달하게 된다.

쥐의 전 뇌 에뮬레이션이 성공하면, 인간 수준의 AI도 머지않다고 생각할 수 있다. 이러한 이행을 가능하게 하는 방법은 매우 많다. 가장 확실한 방법은 그 복제 절차를 단순히 확대하여 그것을 인간 두뇌에 적용하는 것이다. 그것은 분명히 어려운 공학기술이지만, 개념적 돌파구가 필요하지 않다. 그러나 컴퓨터의 연산 능력과 저장 능력 같은 관련 기술들이 충분히 빠른 속도로 계속 발전할 것이라는 것이 현실적일까? 무어의 법칙은 언젠가는 멈출 수밖에 없다. 아마도 그것은 쥐의 전 뇌 에뮬레이션과 인간의 전 뇌 에뮬레이션 사이의 3단계 중 어딘가에서 서서히 멈출 것이다.

그러나 우리는 수십억 개의 초저전력을 사용하는 나노 스케일의 부품을 인간 수준의 지능을 갖는 장치로 조립하는 것이 **가능하다**는 것을 알고 있다. 우리의 두뇌가 존재의 증명이다. 자연이 두뇌를 만들었고, 우리는 자연처럼 사물을 다룰 수 있어야 한다. 그럼에도 순수한 뉴런이 중요하고 우리에게 다른 방법이 없다면, 우리는 합성생물학과 나노과학을 함께 활용해 자연과 어울리는 인공 뇌를 만들어야 한다. 그럼에도 인간 수준의 전 뇌 에뮬레이션을 위한 연산 능력을 충족하려면 일련의 중요한 기술적 돌파구가 필요하다. 이 경우에 복제 과정을 확대하는 것은 인간 수준의 AI로 가는 지름길이 아니다.

그러나 인간 규모의 전 뇌 에뮬레이션은 인간 수준의 AI로 나아가는 유일한 방법은 아니다. 쥐 규모의 에뮬레이션 자체를 인지적으로 강화할 수도 있다. 이를 위한 가장 명백하고 단순한 방법은 전전두엽 피질prefrontal cortex과 해마와 같이 인지적으로 중요한 여러 뇌 영역에서 단순히 뉴런의 개수를 늘리는 것이다. 쥐의 에뮬레이션을 연구 도구로 이용할 수 있기 때문에, 척추동물의 뇌에서 의식이 실현되는 방법을 이해하는 부분에서도 발전이 가속화되었다. 급증하는 이론적 지식은 쥐의 뇌 시뮬레이션의 핵심을 보존하면서, 기술자들이 적절한 신경 강화를 하거나 인지적 인공 기관을 만드는 데 도움이 될 것이다.[11]

이런 관점에서 쥐 뇌의 에뮬레이션은 인간 수준의 AI를 달성하기 위한 촉매이다. 물리학에서의 입자가속기처럼, 쥐의 전 뇌 에뮬레이션은 상상으로밖에 할 수 없었던 실험을 가능하게 해준다. 예를 들어, 정교하게 통제된 조건에서 인공 쥐의 뇌 움직임과 행동을 관찰하는 것이 가능하다. 또 뇌를 미세하게 변경하는 것처럼 약간의 변화를 주어, 전체 시스템을 재설정하고 같은 실험을 다시 해볼 수도 있다. 이는 쥐의 뇌를 **역설계**할 수 있게 하는 실험적 프로그램의 일종이다. 그리고 조만간 우리는 첫째 원칙으로부터 뇌를 위한 인지적 인공 기관을 설계하고 만들 수 있을 것이다.

그러나 이것으로 인간 수준의 AI를 만드는 데 충분한가, 아니면 무엇이 더 필요한가? 예를 들어 강화된 쥐의 복제물에 언어능력을 부여하는 것은 필수적이다. 이는 단순히 뉴런의 개수를 늘리는 것보다 더 필요하다. 언어능력은 작은 척추동물의 뇌에서는 볼 수 없는 종류의 전기회로를 필요로 한다. 아마도 인간 뇌의 진화는 기호적 표현법, 결합 구문론, 합성 의미론을 다룰 수 있는 질적으로 다른 유형의 신경 구조인, 약간은 급진적 혁신을 통하여 이루어졌을 것이다.

만약 이것이 사실이라면 쥐 뇌의 이론은 아직 충분하지 않고, 쥐의 에뮬레이션에서 인간 수준의 AI로 가는 길도 명확하지 않다. 그러나 신경과학자들은 신경공학자들의 작업과 병행하여 전체 뇌의 완전한 에뮬레이션에 의존하지 않고, 그 구조와 행동을 연결하는 점점 강력해지는 도구를 이용하여 인간 두뇌의 비밀을 풀어낼 것이다. 물론 언어의 신경적 기저를 이해하는 것은 신경과학의 중요한 목표 중 하나이다. 따라서 공학자들이 쥐의 전 뇌 에뮬레이션을 완성할 때, 신경 과학자들은 공학자들이 적당히 강화된 쥐의 에뮬레이션에 언어능력을 부여하는 신경 인공 기관을 만드는 것을 도울 수 있을 것이다.

쉽게 말해서, 쥐의 전 뇌 에뮬레이션은 여러 가지 방법으로 인간 수준의 AI를 향한 진보에 시동을 걸 가능성이 있다. 인간 수준의 AI가 주어진다면, 초인 수준의 AI로 이행하는 것은 거의 틀림없다. 인공 물질로 실현된 인간 수준의 AI는 느린 속도, 신진대사 의존성, 잠을 자야 하는 등, 다양한 한계를 가진 생물학적 뇌보다 강화를 더 잘할 것이다. 게다가, 인간 수준의 AI 또는 인간 수준 AI 팀은 전례 없이 빠른 개선의 피드백 순환을 개시하여 결과를 예측할 수 없는 **지능 폭발**로 치닫게 될 것이다. 달리 말하면, 일단 우리가 전 뇌 에뮬레이션을 이용하여 쥐 수준의 인공지능을 달성하면, 램프의 요정 지니가 병 속에서 나올 수 있다.

4

AI 공학

1. 지능이 암시하는 것들

우리는 이제까지 뇌와 관련하여 인간 수준의 AI를 만드는 방법, 그리고 특별히 전 뇌 에뮬레이션에 관하여 많은 논의를 했다. 그러나 인공지능의 가능한 영역은 매우 다양하고, 생물학적 형태들도 여러 가지 가능성이 있다. 이 가능한 영역의 나머지 부분은 어떤 것일까? AI를 만드는 방법이 그 행동을 형성하고 우리가 그 행동을 예측하고 조정하는 능력을 결정하기 때문에, 이것은 매우 중요한 질문이다.

AI의 가능한 영역이 인간과 유사한 목적과 동기를 가진, 우리와 비슷한 존재들로 채워진다고 상상하는 것은 중대한 실수이며 위험하기도 하다. 게다가 그것이 만들어진 방법에 따라 하나의 AI 또는 AI들이 그 목적을 달성하는 방법은, 마치 카스파로프가 체스 판에서 알아차린 이상한 지능의 움직임처럼 헤아리기 어려울 것이다. 만약 AI가 다른 AI의 생산물이라면, 또는 그것이 자기 수정 또는 인공적 진화의 산물이라면, 그 난해함은 더욱 커질 것이다.

어떤 설계와 구축 방법이 예측 불가능하고 통제하기 어려운 AI를 초래할 것인가? 우리가 이 부분을 더 잘 이해할수록 우리는 이 질문에 답을 할 수 있고 '잘못된 종류의' AI를 만들어 제어하지 못할 위험을 줄일 수 있게 된다. 2010년대 중반의 AI 기술에 대한 몇몇 예로 시작해보자. 이 시스템들 중에서 우리는 범용 인공지능의 태동을 감지할 수 있는가? 범용 지능이 잘못된 시스템들을 개선하고 확장하는 것만으로 달성될 수 있는가? 또는 AI 기술이 진정으로 도약하기 전에 무엇을 기본적 필수 요소로 추가해야 하는가?

개인 비서와 같은 몸이 없는 AI 응용프로그램을 예로 들어보자. 앞 장에서 우리는 몸의 중요성을 강조한 바 있다. 그러나 우리에게 친숙한 가상의 인공지능에 대한 예들은 대부분 몸이 없다. 〈2001 스페이스 오디세이〉의 이상한 컴퓨터인 HAL을 생각해보자. 어떤 의미에서는 2001의 우주선을 HAL의 몸으로 생각할 수도 있다. 그것은 명확한 공간적 입지를 가지고 있고, 환경과 지속적으로 상호작용할 수 있게 해주는 센서와 장치들을 가지고 있다. 그러나 그 영화 중 한 시점에서 지구 실험실에서의 HAL의 '젊은 시절' 장면이 보이고, 우리는 HAL의 지능이 우주선과는 상관이 없다고 생각하게 된다. 여기서 불신감을 떨쳐 내면, 우리는 몸이 없는 AI가 개념적으로 가능하다고 생각할 수 있다. 그러나 몸이 없는 AI가 실제로 가능할 것인가, 그리고 우리는 그것을 언제 달성할 수 있을까?

애플의 시리Siri와 구글의 나우Now 같은 개인 비서들은 음성 인식에서 수십 년간 점진적으로 개선을 공개해왔다. 개인 사용자들에 의한 선행 훈련이 없어도, 소음이 있는 곳에서도, 여러 다양한 어조와 억양에도 불구하고, 일상적인 말을 문자로 바꿀 수 있다. 흥미롭게도 음성인식 작업은 보통 사용자의 장치에서 수행되지 않는다. 가공되지 않은 음성 파일은 인터넷을 통해 회사 음성 처리 센터로 보내지고, 거기에서 음성인식을 행하고, 텍스트 파일이 생성된다. 따라서 이 응용프로그램들은 감각 행동적인 상호작용을 통하여 환경과 상호작용하지 않는다는 의미뿐 아니라, 정보처리기와 기억장치가 클라우드에 분산되어 있다는 의미에서도 몸이 없다. 이러한 사실이 그것들을 '더욱' 몸이 없게 만들 것인가? 아니다. 우리는 몸의 외부 클라우드에서 처리되는 완전한 몸을 가진 로봇 시스템을 상상할 수 있다. 이 점은 주목할 가치가 있다.

소리 데이터를 텍스트로 변화시키는 것과 병행하여, 개인 비서는 사용자가 찾아달라고 하는 것이나 지시하는 것을 '이해'할 수 있도록 노력해야 한다. 음성 파일을 텍스트로 완벽하게 변환하더라도, 이해하는 것은 상당한 도전이다. 그러나 예제들의 대규모 데이터베이스를 이용하여 구성된 통계 모형의 도움으로 그 작업은 쉬워질 수 있다. 그 모형은 어떤 질문이나 명령이 시작되면, 그것이 어떻게 계속될 것인지를 예측할 수 있게 해준다. 게다가 그 예측은 음성인식 단계로 피드백되어 성능을 개선하고, 소음이나 명확하지 않은 음성의 경우에도 보완할 수 있게 해준다.

시스템은 사용자의 말을 문법적으로 적절히 분석하여 어떻게 반응할지를 결정할 수 있다. 그것은 정보 요청인가, 아니면 명령인가? 그것이 정보 요청이라고 가정해보자. 그 정보가 회의시간이나 친구의 전화번호처럼 사용자에게 특수한 것인가, 아니면 그것이 일반적인 지식의 한 항목인가? 만약 그것이 일반 지식 문제라면, 시스템은 해답을 찾기 위해 인터넷의 모든 자원을 요청할 수 있다. 시스템은 우리가 익숙한 음성 합성 기술을 이용하여 해답의 텍스트를 음성 파일로 변환시켜 스피커를 통하여 음성으로 응답할 수 있다.

이것은 모두 매우 인상적이다. 확실히 2010년대 중반의 디지털 개인 비서의 대화 기술은 다소 제한되어 있다. 당신은 디너 파티에 이 비서를 초청할 수 없다. 그러나 한 세대 전에 순진한 사용자들은 이러한 기술을 보고 인공지능의 공상과학 같은 꿈을 실현하는 일이 잘 되고 있다고 믿었다. 그리고 오늘날 그것들이 작동하는 방식을 알고 있더라도, 개인 비서의 능력에는 진정한 지능을 암시하는 이상한 점이 있다. 그렇다면 무엇을 놓친 것일까? 이 이상한 느낌, 이 지능의 암시를 근거 있는 신념으로 바꾸기 위해 무엇을 해야 할 것인가?

2. 세상을 알게 되다

이러한 디지털 개인 비서들의 중요한 단점은 질문에 대답하는 실력에도 불구하고, 세상에 대한 진정한 지식이 없다는 것이다. 예를 들어 디지털 개인 비서들은 물체와 공간적 관계에 대한 상식적 이해가 결여되어 있다. 따라서 광대한 저장소를 가진 인터넷에서 답을 바로 찾을 수 없는, 간단하지만 예측하지 못한 질문에 무너질 수 있다. 예를 들어 "쥐를 꼬리로 매달면, 쥐의 코와 귀 중에서 어떤 것이 지면에 더 가까울까?"라는 질문을 생각해보자. 어린아이도 이 사소한 수수께끼를 쉽게 풀 수 있다. 디지털 비서는 쥐를 꼬리로 매단 적도 없고, 꼬리로 매달린 쥐의 그림을 본 적도 없다. 사람들은 상황을 머릿속에 그려보고 행동의 결과를 예측하는 포괄적인 능력, 즉 그들이 전에 경험하지 못한 상황을 처리할 수 있는 능력을 가지고 있다.

일상의 물리학은 사람들과 약간의 동물들이 적절히 숙달한 분야이며, 근본 원리에 대한 이해로 우리가 본 적이 없는 문제를 풀 수 있는 분야이다. 일상의 심리학도 역시 그러한 분야이다. 사람들은 무생물처럼 행동하지 않는다. 사람들은 신념, 욕구, 의도를 가지고 있다. 사람들은 이 모든 것을 이해하고 있고, 그 이해를 이용하여 계획을 세우고, 소통하고, 속이기도 한다. 일상의 물리학과 일상의 심리학이라는 두 영역에서 이해의 깊이는, 물체들과 다른 사람의 마음에 관한 근본적인 추상적 개념을 가지고 있는가에 달려 있다.

비록 이러한 인간 능력의 기초가 되는 신경 구조는 아직 충분히 알려지지 않았지만, 부분적으로는 타고난 것이고 진화된 재능이라고 가정하는 것이 안전하다. 명백하게 인류의 생활에서 사물과 타인들은 항상 중요한 위치를 차지했을 것이고, 인류는 그것을 다루기 위한 범용 구조를 선택했을 것이다. 따라서 태어나면서부터 물체의 개념이 명확한 것은 아니지만, 새로 태어난 뇌는 분명히 물체의 개념을 배우려는 경향이 있다. 놀랍게도 사람들은 물체 또는 남의 마음과 같이 최소한 추상적인 개념과 정수 또는 돈처럼 우리의 과거 역사에 없는 완전히 새로운 개념들도 배울 수 있다.

기계가 어떻게 일상의 물리학과 일상의 심리학 같은 중요한 상식 영역에 숙달하고, 또 완전히 새로운 개념을 배우는 포괄적인 능력을 가질 수 있는가? 한 가지 해답은 생물학적 뇌를 복제하는 것이다. 우리는 이미 이 주제에 대해 상당히 자세하게 살펴보았다. 몇 가지 다른 가능성도 있다. 일상의 물리학에 관한 하나의 가능성은 컴퓨터 게임에서 사용되는 가상 몸 구현에서 이미 간략하게 언급한 물리 엔진을 이용하는 것이다. 하나의 물리 엔진은 쥐의 부분들과 같은 대상의 구성을 모형화할 수 있고 그 역학 관계를 시뮬레이션할 수 있다.

다른 하나의 접근법은 형식적 언어로 표현된 상식적 물리학 법칙들에 기초하여 일상의 일에 관한 논리적 추론을 하는 시스템을 만드는 것이다. 예를 들어 그 시스템은 "받침대를 받치지 않은 물체는 떨어진다"는 규칙과 "깨지기 쉬운 물체는 땅에 부딪히면 부서진다"는 규칙을 표현하는 문장을 포함할 수 있다. 이 규칙을 사용하면 쓰러진 와인 잔이 테이블 밖으로 굴러 떨어지면 산산조각이 날 것이라는 결론을 도출할 수 있다. 이와 같은 논리에 기반한 방법은 일상의 심리학과 같은 영역에도 적용될 수 있다. 그리고 테이블과 와인 잔의 모양에 관한 부정확한 정보에도 잘 대응할 수 있으므로 물리 엔진보다 더 유리하다.

그러나 물리 엔진과 논리 기반 접근법은 모두 인간 설계자가 만든 개념 체계에 의존하는 것이다. 로봇의 주변에 있는 물체의 표면과 같은 그 환경에 관한 정보는, 로봇이 돌아다니면서 카메라와 촉각 센서 등의 데이터를 축적하여 이를 차후의 처리에 적합한 형태로 전환해서 알 수 있다. 그러나 예측 능력에 필수적인 단단한 물체라는 개념은 어떤 시스템에서도 세상과 상호작용을 통해 발견할 수는 없다. 그것은 처음부터 시스템 안에 구축되어 주어진 것이다. 단단한 물체와 같은 시스템 안에 내재하는 개념은 일상의 물리학처럼 보편적으로 중요한 전문 분야에서 인정된다. 그러나 진짜 범용 지능은 미리 알 수 없는 세상에 대처하기 위해 스스로 추상적 개념을 발견하거나 발명할 수 있어야 한다.

3. 기계 학습

이것은 우리를 기계 학습이라는 주제로 안내한다. 기계 학습은 그 시작부터 인공지능의 활발한 연구 분야였다. 컴퓨터의 연산 능력과 저장 능력의 증가, 다른 한편으로는 이론적 진보와 새로운 학습 알고리즘에 힘입어 기계 학습은 2000년대에 많은 진보를 이루었다. 이것은 온라인 마케팅과 같이 기발한 상업 응용프로그램 개발을 촉진했다. 온라인 마케팅에서는 고객들에게 더욱 효과적으로 상품을 추천하고 광고하기 위해 고객의 정보를 수집하는 것이 유용하다. 기계 학습 시스템은 고객의 구매와 탐색 습관이 수집된 대규모 데이터베이스에 기초하여 고객 행동의 통계적 모형을 구축함으로써 이를 가능하게 한다. 그 시스템은 약간의 구매와 웹사이트 방문 정보에 기초하여 고객의 선호를 미리 알려준다.

기계 학습은 주어진 데이터 모음을 설명하는 모형을 구축하기도 하고, 장래의 데이터를 예측하는 데 사용될 수도 있다.

예를 들어 내가 당신에게 '5, 10, 15, 20' 순열을 제시하고 다음에 오는 것을 맞혀보라 한다고 가정해보자. 당신은 그 순열이 5만큼씩 증가한다는 가설을 세우고, 다음 수는 25이며, 30, 35 등이 그 뒤를 잇는다고 예측할 것이다. 만약 그 데이터가 실제 세계에서 온 것이라면, 데이터에는 잡음이 있을 것이다. 따라서 기계 학습 알고리즘은 불확실성을 처리할 수 있어야 한다. 움직이는 로봇이 정지해 있고, 커다란 물체가 접근한다고 가정해보자. 그 물체와의 거리를 나타내는 센서 수치를 24.9cm, 20.1cm, 15.1cm, 9.9cm와 같이 차례대로 읽었다고 하자. 그러면 센서를 읽을 때마다 물체와의 거리가 대략 5cm씩 줄어든다고 가설을 세울 수 있고, 다음 센서를 읽으면 5.0cm에서 10% 내외가 될 것이라고 예측할 수 있다. 이제 피해야 한다!

이렇게 사소한 예에서 기본적인 패턴을 발견하는 것은 쉽다. 그러나 각 데이터 항목이 하나의 숫자가 아니라 천 개의 숫자를 포함한다고 가정해보자. 이와 같은 고차원의 데이터를 가지고 모형을 만드는 것과 예측을 하는 것은 어렵다. 실제 그것은 천 배 이상 어렵다. 그것은 **차원의 저주**라고 알려져 있다. 그렇지만 다행히도 데이터가 알려진 통계적 규칙성을 보이는 한, 차원의 저주는 해결될 수 있다. 예를 들어 문제의 데이터가 비디오의 연속된 프레임이라고 가정해보자. 이 경우에 다음과 같은 통계적 경향이 있다. (1) 어느 한 프레임 내의

만약 그 데이터가
실제 세계에서
온 것이라면,
데이터에는
잡음이 있을 것이다.
따라서 기계 학습
알고리즘은
불확실성을
처리할 수 있어야 한다.

한 픽셀은 그와 근접한 픽셀과 근사한 값을 갖는다. (2) 연속되는 프레임 내에서 같은 픽셀은 비슷한 값을 갖는다.

데이터를 생산하는 세상의 기본 구조는 이와 같은 통계적 규칙성을 종종 나타낸다. 카메라를 가진 움직이는 로봇에게, 세상은 일종의 '평탄함'을 보여준다. 세상은 불연속적인 모서리가 거의 없는, 균일한 색깔의 조각이 수없이 계속 이어지는 표면을 가지고 있는 물체들로 가득하다. 우리가 물체의 3D 공간 특징과 물체 안의 펼쳐진 형태와 같은 세상의 구조들을 설계 단계에서 학습 시스템에 넣을 수도 있지만, 로봇은 세상이 구조화된 방법과, 세상에 존재하는 것과 그 행동을 알아내야 한다.

세상에 대한 모형을 만들어 입력되는 데이터를 예측하는 것은 데이터를 압축하여 그 차원을 줄이는 도전이다. 이는 데이터를 '동물', '나무', '사람' 같은 개념과 범주로 다시 기술하는 것이며, 언어적 소통의 유용한 기초이기도 하다. 그러나 고차원의 감각 데이터는 그렇게 높은 수준의 범주로 바로 분류될 수는 없다. 낮은 수준의 특징을 먼저 추출하는 단계적 접근법이 필요하다. 낮은 수준의 시각적 특징이 반복되는 것을 정리해놓으면, 이 특징들이 결합하여 높은 수준의 특징을 만드는 방법을 알고리즘을 통해 학습할 수 있다. 이 다층적 접근법은 소위 심층 학습(딥 러닝)의 특징이다.

예를 들어 학습 알고리즘이 대규모 이미지 데이터베이스를 대상으로 학습한다면, 그중의 많은 것이 얼굴일 것이다. 얼굴이 존재하느냐는 것은 독특하게 생긴 밝고 어두운 조각들의 특정 패턴으로 알아낼 수 있다. 이것은 우리가 눈, 코, 입이라고 부르는 특징과 대략 부합**할 수도 있고** 아닐 수도 있다. 기계들은 인간 언어의 범주에 얽매이지 않는다. 기계가 분간해내는 낮은 수준의 통계적으로 의미 있는 시각적 특징은 간단한 언어로 쉽게 표현할 수 없을 수도 있다. 인간에게는 시각이 언어의 하향식 영향을 받기 쉽지만, 생물학적 뇌에서는 시각을 언어로 표현하기 어려울 수 있다.

알고리즘이 반복적으로 나타나는 작은 시각적 문양과 같은 낮은 수준의 데이터 통계를 학습하면, 자주 나타나는 문양의 일정한 조합을 알 수 있다. 이러한 조합 중의 하나가 우리가 얼굴이라고 부르는 것이다. 수염, 털, 끝이 뾰족한 귀의 조합은 우리가 고양이라고 부르는 것이다. 또는 고양이는 작은 사람들이 자주 껴안기 때문에, 알고리즘은 어린이-고양이 쌍을 식별할 수도 있다. 즉 기계는 인간의 개념과 범주에 얽매이지 않으며, 단지 데이터의 통계에 의해서만 제약을 받는다.

지금까지 우리는 기계 학습 알고리즘이 **정적인** 데이터를 다루는 방법을 보았다. 그러나 우리가 궁극적으로 관심 있는 것은 세상의 **동적인** 역학이다. 우리는 정지 영상 데이터베이스에서 대상의 범주를 발견해내는 시스템을 가정했다. 그러나 비디오 파일 저장고는 어떻게 될까? 결국 몸을 가진 학습 시스템이 예측력을 지니려면 끊임없이 입력되는 감각 데이터의 흐름인 동영상을 다루어야 한다. 게다가 동기를 만족하고 목표를 달성해야 하는 AI에게는, 세상의 나머지인 배경에 대비하여 고양이를 골라내는 **행위**만이 가치가 있다. 이 경우 고양이가 특유의 행위를 보이는 정도까지, 그리고 그 행위가 특별히 AI의 동기와 목표에 부합할 경우, AI는 고양이를 골라낸다. 이는 쥐의 경우도 같다.

예를 들어, 만약 우리의 학습 알고리즘이 '끈'이라는 범주와 '고양이'라는 범주를 학습했다면, 고양이들이 종종 끈 조각을 좇는 것을 반쯤 학습한 것과 같다. 다시 말하지만, 우리는 기계 학습 알고리즘이 이 규칙을 인간 언어의 문장과 같은 것으로 표현한다고 오해하면 안 된다. 오히려 그것은 자주 일어나는 시각적 특징들의 움직임을 통계로 나타내는 데이터 구조 속에서 일련의 매개변수 값이 될 것이다. 그 시각적 특징은 수학적 방법으로 표현될 것이다. 그리고 이 사실을 배운 사람과 적절하게 만들어진 기계에게 그 결과는 같을 것이다. 예를 들어, 학습 알고리즘을 이용하는 AI는 고양이를 바구니 속으로 유인해 수의사에게 데려갈 수 있다.

4. 빅데이터를 이용한 AI

우리는 세상의 통계를 학습하고, 분류되지 않은 다양한 데이터의 흐름 속에서 물체와 행동의 계층적 범주를 발견하고, 이러한 범주를 이용하여 데이터를 수학적 모형으로 압축하여 예측하는 알고리즘에 대하여 토론해왔다. 이러한 종류의 기계 학습 알고리즘들이 유용한 기술이라는 것은 분명하다. 그러나 기계 학습 알고리즘은 우리가 범용 인공지능을 만드는 데 얼마나 도움이 될 것인가?

다음과 같은 AI를 가정해보자. 방금 묘사한 종류의 학습 알고리즘이, 수십억 개의 영상과 수천만 개의 동영상으로부터 통계를 추출해내기 위해 검색엔진처럼 인터넷을 탐색하는 것이 허용되었다고 가정해보자. 인간은 일상에서 엄청나게 많은 멀티미디어를 저장소에 축적하고, 네트워크 연결을 통해 그 모두를 어떤 사람 또는 사물이 열람할 수 있도록 한다. 웹 상에서는 기린들의 교미, 비행기의 곡예비행, 인도에서 감자를 심는 남자들, 중국의 자전거를 고치는 소녀들, 전쟁, 이사회, 건축용 대지, 고양이들의 애교 등에 관한 동영상을 어디엔가 볼 수 있다. 그 어떤 것이라도 누군가 동영상을 찍어 웹 상에 올린 것이다.

이러한 데이터의 공공 저장소는 이미 대규모로 커졌고, 사회 관계망의 크라우드 소싱crowdsourcing 덕분에 급속도로 성장하고 있다. 그 데이터의 대부분은 단순한 감각 데이터 이상의 것이다. 영상과 동영상들은 대개 위치, 시간, 날짜 정보들을 포함하고, 물체와 사건들을 표시하는 태그를 점점 더 많이 포함한다. 쓰레기통, 냉장고, 열쇠고리 등과 같은 일상의 많은 물건들이 인터넷에 접속되므로, 일상 세계와 그 속에 사는 인간들과 동물들의 행동에 대한 정보를 대량으로 모으는 것이 가능해졌다.

이 방대한 데이터 저장소에서 강력한 기계 학습 알고리즘을 적용한 시스템은 얼마나 잘 예측할 수 있을까? 그 시스템은 몸을 가져야 할까? 다른 신체들의 행동에 관한 방대한 멀티미디어 기록이 있는데, 왜 그 시스템은 세상과 직접 소통해야 할까? 컴퓨터에 일상의 세계에 관한 상식을 부여하는 문제는 범용 인공지능을 구현하는 데 오랫동안 중요한 장애물이었다. 몸이 없는 AI는 상식을 간접적으로만 획득할 수 있을 것이다. 그러한 시스템이 인간 수준의 인공지능에 얼마나 접근할 수 있을까?

그러면 언어는 어떨까? 언어는 인간 행동 중에서 고도로 의미 있는 측면이며, 인간의 언어능력을 따르지 못하면 인간 수준의 AI라고 할 수 없다. 2010년대 중반의 디지털 개인 비서들은 주인들이 말하려 하는 것을 신기하게도 잘 예측한다. 그러나 이 시스템들은 자신들이 인식하는 세계와 분석하는 문장과 대답을 진정으로 이해하지는 못하는 것 같다. 그들이 사용하는 부호는 세상과 상호작용에 기반을 둔 것이 아니며, 그들은 "쥐를 꼬리로 매달면, 쥐의 코와 귀 중에서 어느 것이 지면에 더 가까울까?"처럼 상상력과 상식의 결합이 필요한 새로운 질문을 받았을 때에는 단점을 노출하게 된다.

기계 학습은 아무래도 이러한 한계를 극복할 수 없다. 그러나 언어는 행위의 한 가지 형태일 뿐이다. 왜 언어는 군중의 움직임 패턴이나 정원 안의 식물의 패턴보다 컴퓨터를 이용한 무차별적인 통계적 기계 학습에 덜 민감할까? 문제를 풀기 위한 데이터와 계산 능력이 충분하면, 기계 학습은 신뢰할 만한 예측을 할 수 있는 통계 모형을 만들 수 있다. 매점을 떠난 이 사람은 어디로 갈 것인가? 저 나무의 왼쪽에서는 잎의 모양이 어떻게 생겨날 것인가? 저 사람이 말한 것에 대하여 이 사람은 어떻게 대답할 것인가? 우리는 다음을 잊지 말아야 한다. 우리가 기대하는 학습 시스템은 오늘날의 디지털 개인 비서에 비해, 비록 간접적이지만 몸을 가지고 세상과 상호작용하면서, 대용량 데이터베이스를 이용하고 경험에 근거하여 효과적으로 말할 것이다.

매달린 쥐의 예는 어떨까? 우리의 AI는 가상의 것, 반(反)사실적인 것, 상상의 것을 다룰 수 있어야 한다. 이것은 AI의 기본 기능이다. 그러나 세상에 대해 충분한 예측력을 가진 적합한 모형이 주어진다면, 이 요구 사항을 충족시키기 위해 필요한 것은 가상의 시나리오로 그 모형을 초기화시키는 수단과 상상의 물체로 그 모형을 채우는 방법이다. 나머지 일은 모두 그 모형의 예측력이 맡게 된다. 그 예측력은 매달린 물체의 동영상 수백만 개와, 무수히 많은 자세를 취하는 쥐의 영상 수천만 개, 그리고 상상할 수 있는 모든 각도에서 보는 수십억 개의 귀와 코의 영상으로부터 일반화하는 것이다.

그러면 수학은 어떠한가? 단순 통계 학습 시스템이 수학을 하는 능력을 가질 수는 없다(철학을 전공한 학생들은 여기에서 경험주의와 이성주의 간의 논쟁이 반복되는 듯할 것이다). 우리는 그 시스템에 물체와 3D 공간 개념 같은 다양한 선험적 범주와 개념을 부여하기도 하고, 수의 개념도 포함시킬 수 있다. 그러나 수의 개념이 필요한지는 분명하지 않다. 학습 알고리즘이 수의 개념을 스스로 알아내려면 방대한 양의 초등학교 수학 수업을 처리해야 할 것이다. 학습 알고리즘으로 처리한 방대한 양의 원시 데이터의 의미와 그 시스템이 보여줄 놀라운 결과를 상상하는 것은 쉽지 않다.

2009년에 세 명의 구글 컴퓨터 과학자들이 「데이터의 불합리한 효과」라는 제목의 논문을 썼다.[1] 그 제목은 기계 학습에서 예측하지 못한 현상을 암시한다. 예를 들어, 기계 번역과 같이 **1조 개**의 **엉망인** 데이터 집합을 사용하는 기계 학습은 매우 효과적이다. 반면에 오직 **100만 개**의 **깔끔한** 데이터 집합을 사용하는 기계 학습은 거의 효과가 없다. 100만도 큰 수처럼 보이기 때문에 이는 예측하지 못한 결과이다. 만약 학습 알고리즘이 100만 개의 예제를 포함하는 훈련 과정으로 배우지 못한다면 이는 학습 알고리즘이 작동하지 않는 것이다. 그래서 더욱 큰 훈련 데이터가 필요하다. 우리는 컴퓨터가 그 많은 데이터를 충분히 저장하고 처리할 수 있을 만큼 강력하게 되어야 이것을 알 수 있다.

여기에서 교훈은 공학적으로 만들어진 인공지능, 즉 생물학적 뇌와 매우 다른 원리에 따라 작동하는 인공지능을 만나면 우리는 매우 놀랄 것이라는 것이다. 만약 AI 시스템이 매우 많은 데이터의 양이나 직관적으로 파악하기 어려울 정도로 빠른 처리 속도에 의존한다면, AI는 우리가 풀 것이라고 기대하지 않는 문제들을 우리가 이해하지 못하는 방법으로 풀어낼 것이다. 간단히 말하면, 인간 수준의 AI는 인간과 비슷할 필요가 없다. 만약 인간 수준의 AI를 이해하기 어렵다면, 우리는 어떻게 모든 지적 영역에서 인간과 대등할 뿐 아니라, 우리를 능가하는 초지능 AI를 예측하고 통제할 수 있겠는가?

만약 인간 수준의 AI를
이해하기 어렵다면,
우리는 어떻게
모든 지적 영역에서
인간과 대등할 뿐 아니라,
우리를 능가하는
초지능 AI를 예측하고
통제할 수 있겠는가?

5. 최적화와 불확실성

범용 인공지능을 구성하는 것은 예측 능력만이 아니다. 오히려 세상의 모형들을 구축하고, 예측하는 데 그 모형들을 사용하는 능력은 다른 목적을 위한 수단이기도 하다. 동물의 지능은 동물이 하는 행동으로 나타난다. 동물은 목적의식을 나타내 보인다. 동물은 배고픔과 공포와 같은 욕구를 지니고, 먹을 것을 획득하고 거주지로 돌아가려는 욕구를 가지고 있다. 동물은 세상에 맞서 행동함으로써 그 목표를 달성한다. 동물이 영리하다면 목표를 달성하기 위해 예측을 할 것이다. 쥐가 나무 그루터기 뒤로 사라지는 것을 보면, 고양이는 쥐가 다시 나타날 것을 기대하고 인내하며 기다린다. 우리는 몸을 가진 범용 인공지능의 예측 능력이 그 목표와 욕구를 만족시킬 것이라고 기대한다. 범용 인공지능은 고유의 목적의식이 있어야 한다. 범용 인공지능이 소포를 배달하거나 요리를 하거나 수술을 하거나, 오직 목적을 갖고 그것을 달성할 수 있다면 우리는 그 로봇이 범용 지능을 가지고 있다고 생각한다.

몸이 없는 AI는 어떨까? 그 목적이 단순히 질문에 답하고 충고하는 것이라고 하여도, 범용 인공지능으로서 자격을 갖추기 위해서 그 시스템은 예측 이상의 것을 해야 한다. 세상에 대하여 직접 행동할 수는 없지만, 주어진 목적을 달성하기 위한 방법을 능숙하게 생각해내야 한다. 그것은 이익이 되는 투자 포트폴리오 구성, 대규모 토목 공사 계획, 더 좋은 약, 더 큰 비행기, 더 빠른 컴퓨터의 설계 등을 생각해내야 한다. 그 지능이 정말로 범용이라면, 지능이 있는 인간처럼 이들 중의 어느 하나 또는 모든 것을 하도록 훈련시키는 것이 가능할 뿐만 아니라 다른 것들도 가능할 것이다.

기계가 몸이 있든 없든, 그러한 도전적 과제를 수행하도록 하려면 예측 능력 외에 무엇이 더 필요할까? AI는 행동을 **계획**할 수 있어야 하며, 계획에 능하다는 것은 일종의 **최적화**에 능하다는 것을 의미한다. 최적화 주제는 인공지능을 공학적으로 만드는 현 시대 접근법의 중심이다. 계획만이 아니라 기계학습과 컴퓨터 비전의 여러 형태 그리고 인공지능과 관련 있는 여러 가지 문제들이 최적화의 한 형태로 여겨진다. 그러므로 그 개념을 약간 깊이 있게 조사해보는 것도 가치가 있다. 우리는 이를 **순회 판매원 문제**라고 부르는 특별한 예제를 이용하여 살펴보려 한다.

한 판매원이 많은 도시를 차례로 방문하고 집으로 돌아와야 한다. 그 판매원은 각 도시를 한 번만 방문해야 하며, 출발한 곳으로 다시 돌아와야 한다. 그 판매원이 택한 순서는 전체 여행 시간에 영향을 미칠 것이고, 길에서 필요 이상으로 긴 시간을 보내고 싶지 않다. 그 판매원이 샌프란시스코에 살고 뉴욕, 보스턴, 산호세를 방문해야 한다고 가정해보자. 샌프란시스코와 산호세는 서로 가깝고 뉴욕과 보스턴에서는 멀기 때문에, 샌프란시스코에서 출발하여 뉴욕, 산호세, 보스턴을 차례로 방문하고 다시 샌프란시스코로 돌아오는 것은 이치에 맞지 않다. 이는 부분 최적화이다. 그 판매원이 뉴욕 다음에 보스턴을 방문하면 여행 시간은 더 짧아진다. 우리의 도전은 도시들을 찾아가는 최선의 순서, 즉 총 여행 시간이 가장 짧은 순서인 최적의 해를 찾는 것이다.

순회 판매원 문제는 최적화 문제 중 하나의 예제일 뿐이다. 일반적으로 이 과제는 비용 함수를 최소화하거나 효용 함수나 보상 함수를 극대화하는 수학적으로 잘 정의된 구조를 찾는 것이다. 이 경우에 그 수학적 구조는 도시의 순서이고 비용 함수는 총 여행시간이다. 방문할 도시가 몇 개 정도일 경우에는 그 문제가 별로 어려워 보이지 않는다. 그러나 많은 최적화 문제처럼 순회 판매원 문제는 도시의 수를 늘리면 매우 풀기 어려워진다. 그 문제의 어려움은 도시의 수에 비례하여 기하급수적으로 늘어난다.

사실상 도시의 수가 많아지면, 가장 **빠른** 현대식 컴퓨터에서 가장 **빠른** 알고리즘을 사용해도 적절한 시간 안에 최적의 해를 찾기는 매우 어렵다. 그러나 매우 큰 수의 도시들을 대상으로 하는 문제에서 **가장 좋은** 답은 아니지만 **가능한 가장 좋은**

답을 찾는 알고리즘이 존재한다. 순회 판매원 문제는 지적인 호기심 이상의 것이기 때문에 이것은 다행이다. 순회 판매원 문제는 많은 실용적 응용 분야가 있으며 대개 좋은 답을 찾는 것으로 만족한다.

우리가 범용 인공지능으로 돌아가기 전에, 좋은 답을 찾는 것으로 만족하는 다른 최적화 문제를 살펴보자. 이번에는 순회 판매원 대신에, 고양이 투티Tooty를 다룬다고 가정해보자. 투티의 과제는 도시들을 방문하는 대신에 낮잠에서 깨어나 이웃집 부엌같이 먹이가 있는 장소 여러 곳을 방문하는 것이다. 물론 한 곳에서 다른 곳으로 이동하는 데는 에너지가 소비되고, 투티는 사용하는 에너지의 총량을 최소화하며 먹이 섭취를 극대화하려고 한다. 그러나 투티가 먹을 것을 찾는 장소에 도착했을 때 먹이를 발견한다는 보장은 없다. 이웃집 고양이가 먼저 도착했을 수 있다. 그러나 투티는 경험에 의해 주어진 장소에서 먹이를 발견할 **확률**을 '알고' 있다.

이제 투티의 과제는 **기대 보상을 극대화하도록** 먹이 장소를 순회하는 계획이다. 각 순회에서 그가 얻는 보상은 먹이 섭취량과 사용하는 에너지의 함수이다. 순회 판매원 문제와는 달리, 투티의 순회는 모든 장소를 방문할 필요는 없다. 따라서 좋은 전략은 멀고 가망 없는 장소를 빼버리는 것이다. 그렇지 않다면, 이 최적화 문제는 순회 판매원 문제와 매우 비슷하게 되며, 계산이 역시 어렵다. 중요한 추가 요소는 **불확실성**이다. 투티가 아무리 좋은 계획을 생각해내도 음식을 얻는다는 보장은 없다. 투티는 운이 없는 날에는 아무것도 못 구할 것이다.

그러나 불확실성은 인생의 현실이다. 기계 학습 알고리즘이 아무리 영리하다고 해도 매번 맞는 예측 모형을 만들 수는 없다. 대신 한정되고 불완전한 데이터를 가지고 우리가 바랄 수 있는 최선은 가장 비슷한 결과를 예측하는 **확률** 모형이다. 확률 모형이 주어지면 우리가 선택할 수 있는 최선의 행동 방침은 모형에 따라서 기대 보상을 극대화하는 것이다. 그러나 우리는 여전히 명시적인 최적화 과제를 다루고 있다. 불확실성으로 인해 우리가 계산을 멈추지는 않는다. 불확실성은 확률 이론이라는 수학적 영역으로 우리를 인도한다.

6. 보편적 인공지능

물론 실제 고양이는 이 이야기 속의 고양이처럼 행동하지는 않을 것이다. 실제의 투티는 아무것도 먹지 않고 돌아다니면서 자기의 음식 공급 확률 모형을 만들어, 자기 집으로 돌아가는 최적의 경로를 계산해내지는 않을 것이다. 이와 같이 잘 적응하는 다른 동물처럼 고양이는 먹이를 찾으며 배우고, 배우면서 먹이를 찾는다. 세상을 탐사하는 일과 자원을 탐사하는 일은 하나가 된다. 이것은 옳고 합리적인 전략이다. 앞으로 보게 되겠지만 기계 학습과 최적화를 조합한 이와 비슷한 전략이 범용 인공지능의 단단한 기초가 된다.

각기 다른 상황에서 여러 행동을 시험해보아서 가장 효과적인 것을 알아내는, 즉 기대 보상을 극대화하는 과제는 AI 연구자들에게 **강화 학습**reinforcement learning이라고 알려져 있다. 순회 판매원 문제와 먹이 찾는 고양이 문제는 최적화의 특정한 예제들이다. 오직 순회 판매원 문제만을 풀 수 있는 알고리즘은 아무리 빠르더라도 범용 인공지능이 될 수 없다. 반면에 강화 학습 아이디어와 그 중심이 되는 기대 보상을 극대화하는 개념은 특정 문제에 매여 있지 않다. 실제로 우리는 이 아이디어를 기반으로 **보편적 인공지능**의 형태를 제시할 수 있다.[2]

마르쿠스 후터Marcus Hutter가 처음으로 정확하게 제시한 보편적 인공지능의 이론적 아이디어는 컴퓨터 과학에서 앨런 튜링의 가장 중요한 공헌 중 하나인 **보편적 계산**universal computation의 아이디어와 비슷하다. 보편적 컴퓨터는 알맞은 프로그램이 수어진다면 어떤 문제라도 계산할 수 있는 컴퓨터이다. 튜링의 업적은 그러한 컴퓨터의 아이디어를 수학적으로 정확하게 밝힌 것이다. 보통 '튜링 머신'이라고 부르는 튜링의 추상적 계산도구와는 달리 실제 컴퓨터들은 기억장치의 한계가 있다. 그러나 기존의 모든 디지털 컴퓨터들은 이론상으로 계산이 가능한 것은 무엇이든 계산할 수 있다. 그것들은 모두 튜링의 수학적 해결책에서 그 일반성을 계승했다.

마찬가지로 보편적 인공지능은 어떤 종류의 세상에 처하더라도 항상 자신이 취득한 정보 내에서 기대 보상을 극대화하는 행동을 선택한다. 즉 그것은 항상 입력 데이터를 최대한 이용하여 의사결정을 하는 완전한 AI이다. 튜링의 보편적 계산 개념과 마찬가지로 이 아이디어도 수학적으로 정확하게 만들수 있다. 우리는 이를 여기서 세부적으로 논하지는 않을 것이다. 튜링의 개념처럼 이 수학적 이상론은 실제로 실현 가능하지 않다. 튜링의 개념이 보편적 계산 아이디어의 이론적 한계를 제공하듯이, 보편적 인공지능은 인공지능 개념의 이론적 한계로서 작용한다.

비현실적임에도 불구하고 보편적 인공지능의 공식적 개념은 수학자들에게는 장난감 이상이다. 우선 현실에서 실현될수 있는 비슷한 것들이 있다. 그러나 현재의 논의를 위해 적절한 논평은, 후터의 수학적 묘사에 의하면 범용 인공지능은 단순하고 일반적인 설계를 따른다는 것이다. 이 설계는 두 가지 프로세스를 조합한 것이다. 하나는 기계 학습으로서 세상에 관한 확률적 예측 모형을 구축하고, 다른 하나는 최적화로서 그 모형에 따라 기대 보상을 극대화하는 행동들을 찾는다.[3]

이러한 두 요소로 구성된 청사진은 매우 넓은 응용 분야를 가지고 있다. 인공 또는 생물학적 지능형 에이전트는 그 구조에 따라 분석할 수 있다. 우리는 세 가지 세트의 질문을 해야 한다. 첫째, 에이전트의 보상 함수는 무엇인가? 이 질문에 답하는 것은 그것이 어떻게 행동하는가에 대해 많은 것을 알려준다. 둘째, 에이전트는 어떻게 배우는가, 어떤 데이터를 다루는가, 어떤 학습 기술을 이용하는가, 그 안에 세상에 관한 어떤 사전 지식이 구축되어 있는가? 셋째, 에이전트가 어떻게 기대 보상을 극대화하는가? 이를 위해 사용하는 최적화 기술은 얼마나 강력한가? 에이전트들은 어떤 종류의 문제를 푸는데 능숙하고 그 약점과 한계는 무엇인가?

인간이 아닌 까마귀 같은 동물을 보자. 까마귀는 시행착오를 통해 복잡한 행동을 배울 수 있고 어느 정도 혁신적인 문제 해결 능력을 가지고 있다. 까마귀의 보상 함수는 무엇인가? 다른 동물과 마찬가지로, 까마귀의 보상 함수는 위험과 불편함을 회피하면서 먹이와 물 같은 것을 얻는 것을 선호한다. 이는 단순한 욕구처럼 보일 수 있다. 그러나 임의의 복잡한 문제들이 먹이를 얻는 데 장애물이 될 수 있다.

예를 들어 까마귀의 인지 능력을 시험하기 위하여, 연구자가 벌레 한 마리가 든 상자를 까마귀에게 준다. 그 상자의 뚜껑은 수수께끼를 풀어야만 열리게 되어 있다. 매우 영리한 동물인 까마귀는 이렇게 제시된 간단한 계획 문제를 풀 수 있다. 그러나 같은 형태로 더 곤란한 문제들을 줄 수 있다. 예를 들어 운이 없는 까마귀는 뚜껑을 열기 위해 체스 게임을 이겨야 할 수도 있다. 이 까마귀는 틀림없이 굶게 될 것이다. 중요한 점은 먹이와 같은 자원을 획득하라는 지상명령은 **보편적 보상 함수**라고 생각할 수 있다는 것이다. 복잡한 환경에서 간단한 자원을 얻는 문제를 푸는 학습은 자유롭게 확장이 가능하다 open-ended.

보상 함수에 관한 질문에 대해서는 이쯤에서 끝내기로 하자. 다음 질문은 까마귀가 배우는 방법에 대한 것이다. 까마귀는 감각을 통하여 쏟아져 들어오는 데이터로부터 배운다. 이는 생물과 무생물 등 매우 다양한 모양과 움직임을 가진 많은 물체들이 존재하는 물리적 세상과 그 신체의 상호작용 덕분이다. 이 물체들을 밀거나, 찌르거나, 쪼거나, 꽥꽥거리거나 또는 가만히 두었을 때 어떻게 행동하는지를 까마귀는 알고 있다. 까마귀가 어떻게 정확하게 알 수 있는가, 이 과정의 신경적 기반은 무엇인가? 이 문제는 우리가 아직 대답을 찾지 못한 과학적인 질문이다. 그러나 동물 인지과학자들은 까마귀 같은 동물들이 형성할 수 있는 연상들과 감각 식별 등에 관한 훌륭한 아이디어를 우리에게 주었다.

까마귀는 그 기대 보상을 극대화하는 행동을 찾는 데 얼마나 능숙할까? 까마귀의 경우에 그 답은 대부분의 동물보다 낫다는 것이다. 까마귀는 도구를 사용하는 것을 포함하여 풍부한 기본 행동 목록을 가지고 있다. 이 행동 목록은 많은 선천적인 자극-반응 행동의 기초를 형성한다. 까마귀의 보상 극대화 능력을 위한 세상에 관한 유용한 사전 지식은 진화에 의해 형성되었다. 그러나 까마귀는 단순히 자극과 반응을 이어주는 참조표에만 의지하는 것은 아니다. 도구 사용을 위해서는 이 정도면 충분하다. 까마귀는 이전에 보지 못한 문제를 풀기 위해 새로운 행동 순서를 발견할 수도 있고, 가끔은 혁신적인 새로운 행동을 발견할 수도 있다. 예를 들어 새로운 도구를 만들 수 있다. 이러한 능력의 신경적 기반 역시 밝혀져야 한다. 그러나 까마귀의 최적화 방법은 그것이 무엇이든지, 적어도 인간을 제외한 다른 동물들에 비해 매우 일반적이고 강력한 것처럼 보인다.

이러한 모든 것은 까마귀의 능력과 한계에 대해 많은 것을 우리에게 말해주고, 그들의 행동을 예측하는 데 도움을 준다. 예를 들어 까마귀는 음식 찌꺼기를 얻기 위해 쓰레기통을 뒤집을 수 있다는 것을 우리는 안다. 그러나 까마귀가 은행 계좌를 해킹하여 우리 돈을 훔쳐갈 염려는 안 해도 된다. 서로 다른 종류의 인공지능 능력과 한계를 더 잘 이해하기 위하여 우리는 같은 질문들을 할 수 있다. 다른 종류의 보상 함수들은 무엇을 암시하는가? 하나의 AI에 어떤 종류의 기계 학습 기술들이 탑재될 수 있는가? 그것들은 어떤 데이터를 이용할 것인가? AI의 기대 보상을 극대화하기 위하여 어떤 종류의 최적화 알고리즘을 사용할 것인가?

7. 인간 수준 지능

까마귀와 침팬지, 개, 코끼리 등의 몇몇 인간이 아닌 동물들은 매우 영리하다. 그러나 그들은 인간보다는 훨씬 덜 영리하다. 동물 수준의 AI는 유용할 것이다. 개의 지능을 가진 로봇은 여러 가지 가치 있는 과제를 수행할 수 있다. 그러나 우리의 진정한 관심은 인간 수준의 범용 인공지능이다. 우리는 거의 모든 지적 영역에서 보통의 인간과 대등하고, 일부 영역에서는 보통의 인간을 능가하는 AI를 만드는 방법을 알고 싶다. 또 최소한 우리는 그러한 AI가 일하는 방법에 대해 충분히 생각하고 또 그러한 기계들을 사용한다면 미래는 어떻게 될 것인가를 상상하려고 한다. 그러면 우리는 지적인 활동의 모든 영역에서 인간을 능가할 수 있는 인공지능인 인공 초지능에 대해 숙고를 시작할 수 있다.

인간 수준의 AI나 인공 초지능을 생각하면 우리는 전과 같이 세 가지 질문을 할 필요가 있다. AI의 보상 함수는 무엇인가? AI는 어떻게 무엇을 배우는가? AI는 기대 보상을 어떻게 최적화하는가? 이 가상의 연습문제에 착수하기 전에, 같은 질문을 **인간**에게 해보는 것도 유익할 것이다. 먼저 인간의 보상 함수는 무엇인가? 그런데 우리는 분명히 다른 동물과 대개는 같은 **기본적인** 보상 함수를 가지고 있다. 인간들은 음식과 물을 필요로 하고, 고통을 피하고, 섹스를 즐기는 등의 보상 함수를 가진다. 게다가 인간의 보상 함수는 까마귀처럼 '보편적'이다. 이론상으로는, 어떤 지적인 도전도 인간에게는 음식, 권력, 또는 섹스를 획득하려는 모습으로 보일 수 있다. 하지만 인간들은 그들의 보상 함수를 근본적으로 **수정할** 수 있는 것처럼 보인다.

종소리와 먹이를 반복적으로 동시에 제공함으로써 이 두 자극을 연관시키는 것을 학습하는 유명한 '파블로프의 개' 사례처럼, 많은 동물 종들이 물체 또는 사건들을 보상과 연관시키는 것을 배운다. 결국 그 개는 먹이가 없이도 종소리만 들으면 침을 흘리기 시작한다. 이러한 종류의 조건화는 기대 보상을 극내화하는 데 유용하다. 성쟁적 환경이라면, 종소리를 듣자마자 밥그릇으로 달려가는 개는 그 연관성을 모르는 다른 개보다 많은 먹이를 얻을 것이다. 그러나 이러한 경우에도 보상 함수가 근본적으로 바뀐 것은 아니다. 보상 함수는 생물학적 기반에 뿌리를 박고 있다.

반면 인간의 경우에는 어린 시절 이후로 복잡한 사회적 신호와 기대에 영향을 받아, 겉으로 보기에는 보상 함수와 생물적 본능 사이에 단절이 있을 수 있다. 때로는 우리 인간성의 일부분이 생물적 충동을 초월하는 능력이라고 주장하기도 한다. 인간은 음악을 연주하고, 시를 쓰고, 정원을 설계하는 등의 행위를 한다. 분명히 인간은 종종 이러한 행위들을 통해, 생물학적 명령으로 설명할 수 있는 동기인 금전적 이익이나 사회적 지위를 추구하기도 한다. 그러나 때로는 그것이 분명히 풍족한 생활을 이루기 위한 성찰의 산물이며, 따라서 음식을 얻는 것이나 위험을 회피하는 것 또는 분명한 진화적 가치를 가진 것의 대용물이 되기보다는 그 자체가 목적이 된다.

이로 인하여 우리에게는 "인간은 세상을 어떻게 배우는가, 그리고 동물과 비교하여 인간이 배우는 것은 특별한 것이 있는가?"라는 물음이 생긴다. 그 답은 자명하다. 인간의 보상 함수가 무한한 것은 사회, 문화 그리고 무엇보다도 **언어** 때문이다. 언어 덕분에 우리는 철학, 예술, 문학 활동 같은 인간의 조건을 반성해볼 수 있다. 이러한 반성이 없었다면 우리가 지금처럼 생물학적 충동을 극복하는 것은 어려울 것이다. 인간이 기술 발전을 위해 서로 협동하고, 한 세대의 기술적 노력에 따른 결실이 다음 세대로 쉽게 이전되는 것은 언어 덕분이다. 따라서 인간은 일상의 물리적·자연적·사회적 세상만이 아니라 언어를 배울 수 있어야 한다. 다른 사람들의 신념, 욕망, 감정 상태 등을 통하여 그들의 마음을 이해하려는 성향 때문에 인간에게는 배우는 일이 쉬워졌다.

마지막으로, 인간들은 어떻게 기대 보상을 극대화하는가? 다시 한 번 사회, 문화, 언어가 중요하다. 인간 지능은 집합적이다. 많은 사람들이 노력한 산물인 인간의 기술만이 아니라, 개인들의 여러 세대에 걸친 산출물도 집합적이다. 각 세대에게는 앞 세대의 업적 위에 더해 지식, 전문성 그리고 기반 구조가 층층이 쌓이게 된다. 따라서 인간 개인의 극대화 능력도 사회 속에서 보상을 극대화하는 방향으로 전문화된다. 한 개인의 보상 함수가 훌륭한지 또는 비열한지, 한 사람이 성자인지 죄수인지는 차이가 없다. 인간은 그가 속한 사회 속에서 그리고 그 언어를 활용하는 범위 내에서, 자신이 원하는 것을 다른 사람들로부터 얻는 방법을 생각해내야 한다.

집단적이든 개인적이든 혁신하는 능력은 보상을 최적화하는 인간 전략의 또 다른 중요 요소이다. 1장에서 컴퓨터에 창의성을 부여하기 어려운 것이 범용 인공지능을 달성하는 데 중요한 장애물이라고 언급한 것을 기억하라. 농업, 문자, 인쇄, 증기기관, 컴퓨터 등의 발명은 인간의 건강, 기대수명, 그리고 일반적 복지에 기여했고, 오랜 시간 동안 보상을 극대화하는 데 도움이 되었다. 인간의 보상 함수는 건강과 장수를 좋아할 뿐 아니라, 성적인 선택, 사회적 지위를 위한 경쟁, 그리고 다른 특수한 생물학적 요인들에 의해 형성되었다. 그 결과는 춤, 의례, 패션, 예술, 음악 그리고 문학과 같은 실용주의적 창의성이다.

그러면 공학적으로 만들어지는 인간 수준의 AI는 어떤 모습일까? 인간을 닮은 AI에 대해 보상 함수, 학습, 최적화의 세 가지 중요한 질문들에 대하여 어느 정도까지 답을 할 수 있을까? 그런데 하나의 AI가 인간과 비슷하면 비록 그 디자인과 구조가 인간의 뇌를 닮지 않았더라도, 위에 제시한 패턴 집합을 대략적으로 따라야 한다. 그러나 우리가 이미 '데이터의 불합리한 효과성'에서 언급했듯이, 인간 수준의 인공지능이 인간과 비슷할 이유는 없다. 그 AI가 대부분의 지적 행동 영역에서 보통의 인간과 대등하고, 약간의 영역에서 보통 인간을 능가하면, 그 지능은 인간 수준의 자격이 있다.

우리가 사람들 사이에서도 많은 변이를 발견하듯이, AI도 풍부한 변이가 생길 수 있다. 어떤 사람은 숫자에 밝고 어떤 이는 말주변이 좋다. 어떤 사람은 사회적 관계에 능숙하고 다른 이들은 기술에 능숙하다. 마찬가지로 인간 수준의 범용 인공지능은 매우 커다란 작업 메모리를 가질 수도 있고 데이터 속에서 패턴을 찾아내는 데 매우 능숙할 수도 있다. 그러나 대개의 인간들이 그렇듯이, 매우 가치 있는 소설을 쓰거나 새로운 음악 형식을 창조하지는 못한다. 그러나 인공지능이 인간과 대등함을 넘어서, 지적 행동의 모든 영역에서 인간을 능가할 수 있는 능력을 가진다면 어떻게 될까? 이러한 초지능 기계가 가능할까? 그것을 만들면 그 결과는 어떻게 될까? 이것들이 다음 장에서 다룰 질문들이다.

5

초지능

1. 초지능을 향하여

우리는 인간 수준 또는 그 이상의 범용 인공지능을 창조하는 데 기여할 수 있는 생물학적 영감을 받은 기술과 독립적 공학의 결과인 다양한 실행 기술에 대해 살펴보았다. 이러한 실행 기술을 이용해 만드는 것들은 다양한 형태의 인공지능을 만들 수 있는 집짓기 블록으로 생각할 수 있다. 결과로 만들어지는 시스템이 무엇을 할 수 있는지, 어떻게 동작하는지를 이해하기 위해, 우리는 앞 장에서 제안한 세 가지 질문을 이용할수 있다. 시스템의 보상 함수는 무엇인가? 그것은 무엇을 어떻게 학습하는가? 그것은 어떻게 기대 보상을 최적화하는가?

우리는 더욱 철학적인 많은 질문을 할 수 있다. AI가 도덕적 판단을 할 수 있을까? 그리고 그 행동에 대해 책임이 있을까? AI가 인내할 수 있을까? 그리고 권리를 가질 수 있을까? AI가 행동의 자유를 얼마나 가질 수 있을까? 마지막으로 우리는 그러한 시스템을 세상에 내놓았을 때, 사회와 인류 전체를 위한 결과에 대해 의문을 제기할 수 있다. 만약 AI의 행동이 자유로우면, 우리 세상을 어떻게 얼마나 변화시킬 것인가? AI가 우리 경제와 사회구조, 그리고 인간이 된다는 의미에 어떠한 영향을 미칠 것인가? 어떤 세상이 될 것인가? 그러한 기계의 도입으로 인해 유토피아가 도래할 것인가? 암울한 미래가 도래할 것인가? 아니면 세상이 그대로일까?

이 주제들을 깊이 다루기 전에, 우리는 매우 중요한 명제를 검토해야 한다. 그 명제는 우리가 인간 수준의 AI를 갖게 된다면, 초지능 AI는 피할 수 없다는 것이다. AI가 생물학적 물질이 아닌 디지털로 만들어졌다는 장점만을 고려하면 우리는 이 주장의 타당성을 이해할 수 있다. 생물학적 뇌와 달리 디지털로 구현한 뇌의 복사본은 임의로 여러 번 복사할 수 있다. 그리고 생물학적 뇌와 달리 디지털 뇌는 가속시킬 수 있다. 따라서 우리가 전 뇌 에뮬레이션을 이용하여 인간 수준의 AI를 하나 창조할 수 있고 연산 자원이 충분하다면, 우리는 인간을 능가하는 속도로 일하는 인간 수준 AI의 공동체를 만들 수 있다. 이 점은 공학적으로 만들어진 AI에 대해서도 똑같이 적용된다. 정말로 컴퓨터 프로그램으로 구현된 모든 것은 복사와 가속화가 가능하다.

뇌의 복사본이 미치는 영향은 광범위하다. 이러한 영향을 더욱 생생하게 보기 위해, 구체적인 시나리오를 예로 들어보자. 유명 브랜드의 한 대기업이 새로운 시장에서의 예측 수요에 대응하여 새로운 고성능 모터사이클을 개발하려 한다고 가정하자. 회사는 시제품을 위해 자동차 디자인 회사 두 곳과 계약을 맺었다. 가장 좋은 시제품이 대량생산될 것이다(그리고 그 디자이너들은 큰돈을 벌게 된다). 한 회사는 인간 디자이

생물학적 뇌와 달리
디지털로 구현한
뇌의 복사본은 임의로
여러 번 복사할 수 있다.
그리고 생물학적 뇌와
달리 디지털 뇌는
가속시킬 수 있다.

너로 구성된 전통적 팀을 고용했고, 다른 회사는 신생 기업으로서 가상 환경에 거주하는 인간 수준의 AI로 전문가 팀을 구성했다. 이 가상 환경에서 그들은 다음과 같은 대규모 디자인 프로젝트를 시작하려 한다.

그 프로젝트는 재료, 엔진 설계, 유체역학 그리고 인체공학 등 여러 분야에서의 전문성뿐 아니라 어떤 것이 보기 좋은지 아는 재능 등을 필요로 한다. 이런 개념을 갖고 첫 번째 시제품을 만드는 일은 최고 수준의 인간 팀에게는 2년이 걸릴 것으로 예상된다. AI에 기반을 둔 디자인 회사는 불리한 것처럼 보인다. 그들은 자동차 전문 디자이너를 고용하지 않았다. 그러나 그들은 막대한 컴퓨팅 자원과 최신 AI 기술을 보유하고 있다. 따라서 사전 지식 없이도 디자인 전문가 팀을 조직하는 것은 어렵지 않다.

AI 팀을 꾸린 회사는 우선 가상 세계에 한 무리의 견습생 AI들을 이주시킨다. 그들은 20세기 초 보통 인간의 경험과 기계공학이나 산업디자인과 같이 관련 분야의 석사 수준의 교육을 탑재한 인간 수준의 인공지능이다. 이 견습생 그룹은 아직 자동차 디자인 팀이 될 정도는 아니다. 다른 회사에 있는 인간 경쟁자들은 자동차, 모터사이클, 엔진 등을 디자인하는 다년 간의 실무 경험을 가지고 있다. 속도를 내기 위하여, AI 팀은 해당 경험을 쌓아야 한다. 그들은 가상세계에서 어떤 것은 혼자서 또는 팀으로 작은 프로젝트들을 무수히 많이 완수하면서 경험을 획득한다.

물론 이 훈련이 실시간으로 행해진다면, 가상 팀에게는 아무런 도움이 안 될 것이다. 그들의 인간 경쟁자들은 AI 팀이 출발선에 서기도 전에 모터사이클 시제품을 만들어낼 것이다. 그러나 AI들이 실시간보다 열 배나 빠르게 작동한다고 가정해보자. 그러면 십 년간의 훈련과 디자인 경험은 열두 달로 압축될 수 있다. 그 프로젝트의 둘째 해가 시작되기 전에, AI 팀은 인간 팀을 따라잡을 것이다. 게다가 생물학적 한계를 가진 인간 팀에게는 시간이 일 년밖에 없음에 비해, 그들에게는 완벽한 슈퍼바이크를 만들 수 있는 시간이 십 년이나 남아 있다. 재능이 있고 열정도 있는 젊은 인간 기술자들 집단이 십 년 후에 달성할 수 있는 것을 상상해보라.

그 프로젝트의 두 번째 해가 지나가고, 두 경쟁자 팀이 각자의 디자인을 계약자에게 제출했다. 전통적 디자인 회사는 정밀하고, 날렵하고 우아하고 목표 시장에 부합하는 모터사이클 시제품을 만들었다. 그러면 AI에 기반을 둔 회사는 어떠할까? 그들이 시제품을 공개할 때는 모든 사람이 놀랄 것이다. 누구도 그와 비슷한 모터사이클을 본적이 없을 것이다. 외관이 혁신적이고, 그 제품의 세부 기능은 믿기 어려울 정도이다. 연료를 그렇게 적게 쓰고도, 그런 가속력과 최고 속력을 내는 것이 어떻게 가능할까?

승리한 팀이 발표된 후에, AI 팀은 그들의 비밀 일부를 공개할 수 있을 것이다. 그들은 시간이 매우 많았기 때문에, 모터사이클에 최적화된 완전히 새로운 바이오 소재와 이전에 사용된 적이 없는 화학적 소형 연료 전처리 공정을 개발할 수 있었다. 게다가 그들은 모터사이클의 모든 전기장치를 그 프레임에 통합하여 모두 하나로 제작하는 방법을 개발했다. 이 모든 기술은 특허를 획득했고, 디자인 회사는 모터사이클 디자인 상금 외에 많은 돈을 벌게 될 것이다.

이 작은 이야기의 교훈은 인간 수준의 AI를 만든다면, 초지능은 바로 따라온다는 것이다. 그것은 새로운 형태의 지능을 필요로 하지 않는다. 또한 개념적 대전환도 필요 없다. 비록 자연을 그대로 모방하는 것과 같은 가장 보수적인 방법으로 인간 수준의 AI를 획득하더라도, 생물학적 속도 제약으로부터 해방된 결과는 놀라울 것이다. 그러나 이것이 진짜 초지능일까? 가정에 따라, 시간이 충분히 주어진다면 인간 팀이 얻을 수 있는 것보다 가속화된 인간 뇌 에뮬레이션 팀이 더 가진 것은 없다.

그러면, 개별 초지능과 집단 초지능을 구분해야 할 것이다. 이 이야기에서 우리가 다루는 것은 **집단** 초지능의 한 형태로 볼 수 있다. AI 팀의 **개별** 구성원은 초지능의 기준에 맞지 않는다. 어느 것도 혼자서는 보통 인간을 앞서지 못한다. 그러나 개별적/집단적 구분은 초지능 AI 팀의 개발 결과를 논의하는 데는 별 차이가 없다. 패배한 디자인 팀이 자신들이 우수한 개인이 아니라 집단에게 패했다는 것을 아는 것은 위안이 되지 못한다. 마찬가지로 인간 수준의 AI 창조에 의해 인간이 이상향에 도달하든지 아니면 암울한 미래상에 도달하든지 간에, 문제를 일으킨 것이 '적절한' 초지능인지 여부는 의미가 없다.

결국 기술이 무엇을 할 수 있느냐가 중요하다. 공상과학소설가 아서 C. 클라크Arthur C. Clake 는 "충분히 발전한 기술은 마술과 다름없다"는 유명한 말을 남겼다. 인간 수준의 AI를 어떻게든 만들어낸다면, 이는 우리를 마술과 구별되지 않는 기술로 바로 데려갈 것이다. 모터사이클의 사례가 보여주듯이, 그것이 요구하는 것은 오로지 빠른 계산 능력이다. 그러나 이 획기적인 목표를 달성하기 위한 잠재적 장애물을 보기 위해서 우리는 인간 수준의 AI 능력을 개선하는 가능한 여러 방법을 고려해야 한다. 이는 기저를 이루는 기술의 특성에 의존한다. 적절한 때에 우리는 사전 지식에 의존하지 않고 공학적으로 만들어진 AI를 통하여 초지능의 전망을 살펴볼 것이다. 먼저 뇌를 닮은 인간 수준의 AI에 초점을 맞추어보자.

2. 뇌를 닮은 초지능

모터사이클 디자이너의 이야기에서, AI로 구성된 팀은 단순히 매우 빠르게 일하는 것만으로 인간 경쟁자보다 막대한 경쟁적 우위에 있었다. 만약 문제의 AI가 뇌를 닮았다면, 이는 그들의 작업이 실시간보다 빠르게 될 수 있다는 것을 의미한다. 이것은 생물학적 제약으로부터 해방을 이용하는 가장 단순하고 명백한 방법이다. 즉 연산을 하는 물질로 변화하는 것이다. 생물학에서의 해방은 뇌를 닮은 인공지능의 능력을 향상시킬 더 많은 가능성을 열었다.

인간 작업자가 그 동물적 본성에 의해 과업에 방해를 받는 모든 경우를 고려해보자. 예를 들어 인간은 먹어야 하고 자야 한다. 그러나 특정 뇌의 충실한 복제물인 생물학적으로 매우 현실적인 전 뇌 에뮬레이션은 이러한 요구로부터 대부분 자유로울 수 있다. 진짜 뇌는 에너지를 위해 포도당 형태의 혈액을 공급하여 뉴런이 작동하도록 한다. 시뮬레이션 뇌는 최소한 시뮬레이션 수준에서는 요구 사항이 없다. 시뮬레이션을 실행하는 컴퓨터는 에너지를 필요로 하지만 이는 별개의 문제이다. 잠은 더욱 복잡하다. 왜냐하면 꿈은 중요한 심리적 기능을 수행하는 것처럼 보이기 때문이다. 따라서 전 뇌 에뮬레이션에서 단순히 잠의 필요성을 제거하는 것이 간단한 문제는 아니다. 그럼에도 불구하고 디자이너의 뇌를 척추신경계의 작동 원리에 기반을 두지만 살아 있는 종의 뇌와는 다르게 잠이 필요하지 않도록 정교하게 만들 수는 있을 것이다.

뇌를 닮은 인간 수준의 AI는 음식을 찾고, 준비하고, 먹는 시간을 낭비할 필요가 없다. 또 전 뇌 에뮬레이션의 경우 자느라고 시간을 낭비할 필요가 없다. 적절하게 절약한 시간은 일에 투입될 수 있으며, 그로 인한 효과적인 작업량의 증가는 가속화의 이점처럼 극적인 규모는 아니지만, 같은 종류의 이점을 만들 것이다. 물론 대부분의 사람은 식사 시간과 수면 시간이 일로 대체되는 것을 반대할 것이다. 그러나 디자이너 뇌의 보상 함수는 다르게 조정될 수 있다. 먹거나 자지 않고 자발적으로 일하기만을 원하고, 특히 임금을 요구하지 않는 지적인 노예는 많은 회사들이 원하는 완벽한 종업원이다.

음식과 잠의 욕구를 제거하는 것은 생물학으로부터 해방을 활용하는 간단한 방법이다. 뇌를 닮은 AI를 최대한 활용하는, 비교적 보수적인 다른 기술들은 상상하기 쉽다. 많은 사람들이 카페인 섭취와 같은 인증된 약리학적 속임수를 이용하여 인지적 능력을 향상시킨다. 어떤 이는 불법 여부는 차치하고 환각버섯의 유효 성분인 실로시빈과 같은 환각제들은 창조성을 촉진시킨다고 주장하기도 한다. 시뮬레이션 뇌의 경우, 몸의 다른 부분에 부작용 없이 그러한 약물의 효과를 시뮬레이선할 수 있다. 게다가 약학적으로 실제적인 해결책만 고집할 필요도 없다. 매개변수들을 수정하기 쉽게 조정함으로써 시뮬레이션 뇌의 행동을 유익하게 조절하여 그것을 특정 과제에 맞게 최적화하는 많은 방법이 있다.

약간 덜 보수적으로는 쥐의 전 뇌 에뮬레이션을 인간 수준의 지능으로 개선하는 방법을 논의한 2장에서 이미 언급한 방식으로, 해부학적으로 시뮬레이션 뇌를 강화하는 여러 가지 방법이 있다. 예를 들어 간단히 뉴런의 수를 더하는 것으로 전두엽 피질을 확대할 수 있다. 뇌가 물리적인 두개골 안에 꼭 들어맞지 않아도 되는 컴퓨터 시뮬레이션에서는 이것이 상대적으로 간단하다. 전두엽 피질은 높은 수준의 인식에 필수적 요소인 작업 기억에 깊게 연관되어 있으며, 인간은 다른 영장류에 비해 현저하게 많은 전두엽 피질을 가지고 있다. 따라서 초인적으로 많은 전두엽 피질은 매우 유리할 것이다. 장기 기억과 관련이 있는 해마와 같은 영역에서도 유사한 확대를 고려할 수 있다.

집단적 차원에서, 뇌에 기초한 인간 수준 AI 팀의 능력을 향상시키는 다른 방법들도 있다. 인간의 두뇌와는 달리 하나의 시뮬레이션 뇌의 복사본을 여러 개 만드는 것은 쉽다. 이는 생물학적 뇌는 할 수 없는 병렬 처리의 가능성을 시사한다. 하나의 AI가 어떤 문제를 풀려고 하고 그 문제에 접근하는 여러 가지 다른 방법들이 존재한다고 생각해보자. 그러면 순서대로 한 번에 하나씩 각각의 가능성을 시험해보기보다는, 그 AI의 복사본을 여러 개 만들어 각 복사본이 가능성 중에서 하나씩 적용해 한 번에 여러 개의 방법을 탐색하는 것이 가능하다. 모든 복사본이 각각 특정한 접근법을 적용해본 후 가장 성공적인 것을 고르면 된다.

간단한 예를 들어, 한 AI가 체스 게임을 한다고 하자. 판의 현재 형세로 보아 그 AI에게는 세 가지의 유망한 움직임이 있다. AI는 각각의 움직임을 차례로 하나씩 해볼 수 있다. 반면, AI가 세 개의 복사본을 만들어 한 AI가 각각 하나의 움직임을 조사해볼 수 있다. 게임에서 세 개의 AI가 가능한 멀리 앞을 보고 그 결과가 종합되면 최선의 움직임을 선택한다. 그러면 선택된 움직임을 실행하고 게임을 계속하기 위해 여분의 AI 복사본들은 폐기하고 하나의 AI만 남기면 된다. 이러한 유형의 병렬 처리는 오늘날 컴퓨터 과학에서 광범위하게 사용되고 있으며 큰 효과를 내고 있다. 따라서 시뮬레이션 뇌의 복사본을 여러 개 만드는 아이디어는 프로그래밍 기술의 확장일 뿐이다.

우리가 뇌에 기초한 AI나 공학적으로 개발한 AI에 관계없이 초지능 개발에서 가장 강력한 요소는, **반복적 자기 향상**의 가능성이다. 그 아이디어는 간단하다. 정의에 따라 인간 수준의 AI는 거의 모든 지적 행동 영역에서 인간과 대등하다. 그러한 지적 행동의 한 영역이 인공지능을 만드는 것이다. 첫째 세대 인간 수준 인공지능은 그를 만든 인간 기술자와 같은 수준일 것이다. 생물학적 그리고 인공적인, 두 종류의 기술자들은 방금 논의한 지능을 향상시키는 기술을 사용할 것이다. 그러나 인간 수준을 약간 능가한 다음 세대의 AI들은 어떤 인간보다도 AI를 더 잘 만들 것이다.

충분히 똑똑한 인간 신경과학자가 신경공학과 뇌에 기초한 인공지능에 대해 오늘날 우리가 상상도 할 수 없는 원리들을 밝혀내어, 막대한 영향을 미칠 이론의 새로운 전망을 열어갈 수 있다. 인간을 능가하는 속도로 일하고 생물학적 한계에서 해방됨으로써 가능해진 기회를 이용하는 똑똑한 인공지능 신경과학자 팀은 더욱 효과적일 것이다. 그들은 인간 개발자들이 그 전 세대를 만든 것보다 더욱 빨리 다음 세대의 뇌에 기초한 AI를 생산할 수 있을 것이다. 각 후속 세대들은 그 전 세대보다 더욱 빨라져서 전형적인 지수함수 곡선을 따를 것이다. 그 결과는 일종의 **지능 폭발**intelligence explosion 이 될 것이다.[1]

3. 최적화와 창조성

이 장에서 지금까지 우리는 인간을 닮은 인공지능에 집중했다. 그러나 인간을 닮은 지능은 모든 가능한 AI 중에서 작은 부분일 뿐이다. 이제 우리의 관심을 다른 가능성으로 돌리고, 그 과정에서 의인화 경향을 버리는 것이 중요하다. 척추동물의 뇌에 기초한 AI의 행동은 비록 그것이 가속화되고, 병렬화되고, 초지능을 위해 개선된 것이라도 우리는 어느 정도 이해할 수 있을 것이다. 그러나 공학적으로 만든 AI를 이해할 수 있으리라고 가정하는 것은 근거가 없다. 우리는 어쩌면 유쾌하거나 불쾌할 수도 있고, 당황하고 놀랄 수도 있다.

생물학적 예가 없고 공학적으로 설계된 체계 내에서 초지능이 어떻게 생겨날까? 우리는 3장에서 소개된 세 가지 구조에서 가능한 해답을 어렴풋이 볼 수 있다. 공학적으로 인공지능을 만들려면, 이 구조는 서술적이기보다는 규범적이다. 그 규범에 따르면 범용 인공지능은 다음 세 가지 조건을 갖추어야 실현될 수 있다. (1) 적절한 보상 함수를 고안하고, (2) 효과적인 학습 기술을 실행하여 세상에 대한 모형을 구축하고, (3) 주어진 학습 모형 안에서 기대 보상을 극대화할 수 있는 강력한 최적화 모형을 사용해야 한다.

우리가 이 단순한 구조 명세로 얻을 수 있는 것을 실감하기 위해서, 창조성의 중심이 되는 이슈를 다시 살펴보기로 하자. 애초에 기계 학습과 최적화의 결합을 이용하여 어떤 종류의 혁신이나 새로운 것이 나타나는 방법을 알아내기는 어렵다. 확실히 이러한 과정은, 예를 들어 순회 세일즈맨 문제에서의 도시들과 여행 같은, 정해진 구성 요소의 조합으로 영구히 작동하게 되어 있다. 어떻게 그들에게 농사나 문자나 포스트모더니즘이나 펑크록과 같은 완전히 새로운 개념이 떠오를까? 이 직관이 잘못된 것인지 알기 위해서는 우리는 자연선택에 의한 진화의 예를 생각하면 된다.

알고리즘의 관점에서 보면, 자연선택에 의한 진화는 매우 간단하다. 그 기본 요소는 수없이 반복되는 복제, 변이 그리고 경쟁이다. 컴퓨터 관점에서 말하면 진화로 흥미 있는 일을 하기 위해서는 매우 방대한 병렬처리를 매우 긴 시간 동안 운용해야 한다. 그러나 놀랍게도 진화는 지구상의 모든 복잡한 생명체를 창조했다. 진화는 분명한 설계나 이론 없이도 순전히 자연의 힘으로 이를 이루었다. 그 원리를 따라 손, 눈 그리고 뇌와 같은 경이로운 것들이 생겨났다. 손, 눈과 더불어 뇌는 농업, 문자, 포스트모더니즘, 펑크록 등을 차례로 만들어냈다.

자연선택에 의한 진화를 최적화 과정으로 기술하는 것이 정확하게 일치하지는 않는다. 진화는 여러 유전자가 그 증식을 최대화하려고 경쟁하는 과정의 산물로 생각될 수도 있지만, 거기에는 그 진행 과정을 안내하는 전체적 비용 함수나 효용 함수가 없다. 그러나 진화는 최적화 과정처럼 광대한 여러 가지 가능성을 탐색한다. 순회 세일즈맨 문제를 풀기 위해서는 비교적 작은 도시 여행의 경우를 탐색하는 것이 필요하지만, 진화를 위해서는 유기체의 비교적 큰 가능성 공간을 탐색해야 한다. 순회 세일즈맨 문제에서의 여행 시간과 탐색에 비교하면, 진화는 앞이 안 보이는 채로 탐색하는 것이다. 진화는 이렇게 방향성이 없고 단순하지만 태양에너지 저장이나, 공기보다 무거운 것의 비행과 같이 다른 범용 지능이 해결하지 못한 문제들을 해결했다.

이것은 창조성이 최적화와 같은 단순한 과정으로부터 나타날 수 있다는 것을 보여준다. 창조성은 특별한 종류의 최적화를 필요로 한다. 컴퓨터 과학자들은 순회 세일즈맨 문제를 풀기 위해 많은 알고리즘을 고안해냈다. 그러나 그중의 어느 것도 좋은 해법을 찾는 과정에서 손이나 눈을 발명하지는 못할 것이다. 창조적 과정을 위한 가장 중요한 전제 조건은 그것이 다루는 원재료와 관련이 있다. 한없이 다양한 것을 만들기 위해서는 레고 블록들을 여러 가지 다른 방법으로 조립하는 것처럼, 창조적 과정은 **개방형 재결합**open-ended recombination 이 필요하다. 생명의 기초가 되는 유기 분자들의 화학적 속성 때문에, 자연선택에 의한 진화는 이 기준에 맞는다. 만약 그 원재료가

3D 프린터의 설계 또는 물리학에 기초를 둔 시뮬레이터의 가상 물체이거나 실제 또는 합성 생물학의 유기화합물이라면, 최적화 방법은 이와 같은 기준을 충족한다.

최적화 과정에서 창조성이 나타나기 위해 필요한 두 번째 특성은 **보편적 보상 함수**universal reward function이다. 보상 함수가 너무 쉽게 충족되면 새로운 것을 촉진하지 못한다. 자신을 순순히 받아주는 암컷에게 유전물질을 전달하는 것이 유일한 과업인 수컷 독거미에게 창조성은 필요 없다. 자기 생의 사명을 충분히 달성한 후에 수컷 독거미는 그 암컷의 먹이가 되는 것을 허용할 수 있다. 이와는 대조적으로 충분히 부유한 환경에서도 식량이나 돈과 같은 자원을 획득하기 위해서는 도전할 만한 문제를 해결해야 할 수도 있다. 여기저기 돌아다녀도 자원이 충분하지 않은 경쟁적 환경에서는 살아남기 위해 독창성이 필요하다. 그리고 가능한 한 많은 자원을 축적해야 유리한 곳에서는 창조성의 잠재 가치가 매우 크다.

마지막으로, 창조성을 보이기 위해서는 최적화 알고리즘이 충분히 강력해야 한다. 보편적 보상 함수와 개방형 재결합에 속하는 원재료를 가지고도, 최적화 알고리즘이 시행착오를 통해 가능한 경우의 작은 부분만을 탐색한다면, 주목할 만한 것을 이루지 못할 수 있다. 오히려 최적화 알고리즘은 가능한 경우를 **놀이하듯이** 탐색할 필요가 있다. 최적화 알고리즘은 새로운 것을 발명하기 위해 사용 가능한 원재료들의 새로운 조합을 시도해야 한다. 최적화 알고리즘은 책, 증기기관, 웹사이트 같이 완전히 새로운 유용한 것을 발명할 수 있어야 한다. 즉, 최적화 알고리즘은 완전히 새로운 기술을 발명할 수 있어야 한다.

이것은 순회 세일즈맨 문제를 푸는 것과 같이, 요즘의 컴퓨터과학 전공 학생들이 배우는 최적화 알고리즘과는 전혀 다르게 들린다. 확실히 그처럼 강력한 최적화 알고리즘은 매우 정교하고 복잡하다. 오늘날 우리가 인간의 뇌에서 지능이 실현되는 방법을 조금밖에 모르는 것처럼, 우리는 최적화 알고리즘이 작동하는 방법을 약간 상상할 수 있을 뿐이다. 자연선택에 의한 진화의 교훈을 다시 생각해보자. 충분한 시간이 주어지면, 단순한 전수조사 알고리즘(brute-force algorithm, 최적해를 찾기 위해 전체를 탐색해보는 알고리즘: 옮긴이)에서도 첨단기술이 나타날 수 있다. 만약 우리가 적절하고 단순한 주먹구구식의 최적화 알고리즘을 고안하고, 개방형 보상 함수를 부여하고, 조합 가능성이 충분한 환경에서 이를 풀어낸다면, 그 능력의 한계를 결정하는 것은 오직 연산 능력이다.

이는 막대한 연산 능력과 전수조사 탐색을 이용하여 범용인공지능을 만드는 방법을 제시한다. 그러나 중요한 의미에서, 그 최종 시스템은 진정한 지능을 가지고 있지는 않을 것이다. 세상을 조사하여 과학적 지식을 축적하지는 못할 것이고, 합리적 주장을 만들지도 못할 것이다. 그것이 만들어내는 것은 문제를 분석하거나 설계의 원칙을 적용한 결과는 아닐 것이다. 이성적 탐구와 원칙이 있는 설계를 이용하여 새로운 기술을 개발한다면, 지능은 전수조사 탐색보다는 월등히 효율적인 접근법이 된다. 전수조사 접근법은 뇌를 진화시켜 지능으로 가는 길을 스스로 개척했지만, AI 연구의 목표는 시스템에 지능을 직접 부여하는 것이다.

방향성이 없는 탐색에 합리적인 조사와 원칙에 입각한 목표 지향적 설계를 보완하면, 시행착오로 인한 느린 절차를 극적으로 단축할 수 있고 제한된 연산 능력을 보상할 수 있다. 따라서 우리는 이 함수들이 정말 강력하여 창조를 할 수 있는 최적화 알고리즘의 일부가 되기를 기대한다. 그러나 최적화 알고리즘은 세상에 대한 모형에 의존하고 있다. 이 모형은 행동의 결과 또는 새로운 설계의 효능을 예측하는 한 가지 방법일 뿐이다. 이 지점에서 진화와 유사점이 끝나고 기계 학습이 시작한다. 만약 진화가 보상 함수를 극대화하려고 노력하는 것이라면, 우리는 그것을 매우 비효율적이라고 간주할 것이다. 진화는 나쁜 과학자처럼 모든 데이터를 버릴 것이다. 데이터가 세상에 대한 모형을 만들어 그 예측이 이후의 설계 결정에 유용한 정보를 줄 수 있는데도, 진화는 유기체 설계에서 자신의 실험 결과를 사용하지 않을 것이다.

진화는 보상 함수나 보편적 효용 함수를 가지고 있지 않다. 진화적 관점에서 신체 모양의 변이 또는 행동의 변화를 판단하는 오직 한 가지 방법이 있다. 그것은 이를 생존과 번식을 위한 경쟁적 투쟁 환경에서 시도해보는 것이다. 따라서 이러한 관점에서 진화론의 허점을 찾는 것은 이치에 맞지 않는다. 이와 대조적으로, 우리가 상상하는 종류의 AI는 그 기대 보상을 극대화하려고 할 것이다. 보상 함수의 적절함을 판단하는 하나의 효과적인 전략은 그것들이 실제에서 사용되기 전에, 이론적으로 또는 시뮬레이션으로 아이디어들을 시험해보는 것이다. 즉 도약하기 전에 생각해보는 것이다. 이를 위해서는 세상에 대한 모형이 필요하고, 이 모형을 구축하고 유지하기 위해서는 기계 학습이 필요하다. 이는 몸을 이용하여 물리적, 사회적 환경과 직접 상호작용을 하거나 인터넷을 통해 간접적으로 할 수도 있다.

4. 초지능 공학

앞 절에서 우리가 얻은 메시지는 충분한 연산 능력만 주어진다면, 인간 수준의 AI를 만들기 위해서는 단순한 최적화 알고리즘으로도 충분하다는 것이다. 컴퓨터로 실현하기 가장 어려운 자질 중 하나인 창조성도 만약 충분한 시간이 주어진다면 전수조사 탐색으로도 생길 수 있다는 것이다. 그러나 우리가 예측하듯이 만약 필요한 막대한 연산 능력이 무어의 법칙을 벗어난다면, 그 부족한 부분은 AI에게 정교한 인지능력을 부여함으로써 보완될 수 있다. 이러한 인지능력은 합리적 질문, 원칙에 기반을 둔 설계, 이론적 분석, 시뮬레이션 등이다. 뇌에 기초한 방법과 대조적으로, 인간 수준의 AI를 공학적 방법으로 달성할 수 있다고 가정해보자. 인간 수준 지능을 넘어서는 것은 어떨까? 초지능을 이 방법으로 달성할 수 있을까?

우선 공학적 방법을 따르는 AI 개발자들은 뇌에 기초한 AI를 인간 수준에서 초인 수준의 지능으로 이행하게 하기 위해서 가속화와 병렬처리라는 두 가지 중요한 마술을 이용할 수 있다는 것에 주목해야 해야 한다. 만약 한 개발자가 인간 수준의 지능을 가진 AI를 만들 수 있는 지식과 연산 능력을 가지고 있으면, 그 AI의 본성이 어떤 이유로 팀으로 일하는 것을 금하지 않는다고 가정했을 때, 같은 AI의 가속화된 버전을 만드는 협력 팀을 만들기 위해 필요한 것은 더 많은 연산 능력뿐이다. 우리가 모터사이클 디자인 사례에서 보았듯이, 이것은 집단 지능을 만들기에 충분하므로 바깥세상에는 초인적으로 보일 것이다. 뇌에 기초한 AI처럼 일단 인간 수준을 약간이라도 넘는 지능을 가진 AI가 만들어지면, 반복적인 자기 개선으로 인해 잠재적 지능 폭발의 방아쇠를 당기는 것이 가능해진다.

범용 인공지능을 향한 공학적 접근은 인간 수준의 AI를 넘어 초지능을 심지어 한 번에 달성할 수도 있다. 실제로 이를 가능하게 하는 여러 방법이 있다. 이 가능성을 깊이 연구하기 전에, 지능의 척도에 관한 아이디어를 나타내는 적절한 단어들이 여러 가지 있다. 우리가 사용해온 정의에 의하면 거의 모든 지적 행동 분야에서 보통 인간 수준의 성과와 대등하면 AI는 인간 수준의 지능을 가진 것이다. 만약 AI가 언제나 인간을 앞선다면 그것은 초지능적이다. 그러한 AI는 명백하고 질서 정연한 지능의 척도를 제시한다. 쥐는 한쪽 끝에 있고 인간은 약간 멀리 있으며, 초지능 AI는 아주 멀리 있다. 그와 같은 척도가 주어진다면, 어떤 AI가 인간보다 10배 지능적이라거나, 또는 100배 지능적이라고 추정하여 말할 수 있을 것이다.

그러나 이것은 매우 정교하지 못한 개념의 지능을 가정하고 있다. 인간에게 지능은 여러 기술을 모은 것으로 나타나며, 개인들은 각기 다른 장점과 단점들을 갖고 있다. 그림을 매우 잘 그리는 사람이 수학은 못할 수 있고, 탁월한 작가가 음악은 잘 모를 수 있다. 여기서 우리는 전형적 인간에서 근본적으로 벗어난 인공지능의 형태를 다루고 있다는 점이 특히 중요하다. 범용 지능의 경우에도 우리는 어떤 시스템이 하나의 획일적인 (초)지능적 특성보다는, 인지적 강점과 약점의 유형을 나타낼 것으로 기대해야 한다. 즉 하나의 AI가 어떤 면에서는 초인처럼 유능하지만 다른 면에서는 놀라울 정도로 부족할 수 있다.

한 분야에서 충분히 유능한 AI는 다른 여러 분야에서 부족한 것을 보상할 수 있다. 우리는 인간에게서도 같은 것을 본다. 예를 들어, 난독증이 있는 사람들은 독서의 어려움에 대처하는 효과적인 전략을 종종 발견해낸다. 마찬가지로 사람들로 하여금 자신이 창안한 비즈니스 제안에 투자하도록 설득하려고 말하는 기술이 부족한 AI는, 돈을 모은다는 같은 목적을 달성하기 위해 주식매매를 뛰어나게 잘하는 것같이 다른 수단을 사용할 수 있다. 더욱 일반적으로 매우 강력한 최적화 과정과 매우 많은 양의 데이터를 이용하는 강력한 기계 학습 알고리즘을 채택한 시스템은 우리가 상상하기 어려울 정도로 기대 보상을 극대화하는 방법을 발견할 것이다.

물론 체스를 아무리 잘해도 체스 외의 것을 못하는 AI는 많은 것을 달성하지 못할 것이다. AI가 일반 지능을 보유하기 위해서는 그 인식 범위가 사람과 견줄 수 있어야 한다. 인간들은 고양이, 찻잔, 버스와 같은 일상 세계의 내용을 인식하고, 행동하고 생각하고 말할 뿐 아니라, 별, 은하, 세포, 원자, 유니콘, 자기장, 컴퓨터 프로그램, 은행계좌 같은 것들을 상상할 수도 있다. 우리는 이러한 모든 것을 생각하고 말하고 배울 수 있다. 또 우리가 별을 여행할 만큼 크거나, 원자를 다룰 만큼 작은 또는 적절한 도구를 가지고 있다면, 그것들을 모두 우리의 목적에 맞게 조작할 수 있다.

그러나 **인식 범위**와 **성과**는 차이가 있다. 좋은 비유는 트라이애슬론(철인 3종) 경기이다. 트라이애슬론 경기에 참가하려면 경기자는 달리기, 수영, 자전거 타기를 모두 할 수 있어야 한다. 세 가지 기술은 모두 경기자의 육체적 범위 내에 있어야 한다. 경기자의 성과는 종목마다 다를 수 있다. 그리고 한 종목에 특히 강한 경기자는 다른 종목에서의 부족함을 보상할 수 있다. 마찬가지로 범용 인공지능의 인식 범위는 인간이 인식하고, 행동하고, 생각하고 말하는 모든 종류의 것을 포함해야 한다. 그러나 그 성과는 지적 행위의 종류마다 다를 수 있다. 그리고 한 영역에서의 약점은 다른 영역에서의 강점으로 보상할 수 있다.

이러한 인식 범위와 성과의 차이를 염두에 두고, 하나의 AI가 인간 수준의 지능 단계를 거치지 않고 초지능을 얻을 수 있는 가능성에 대해 다시 보기로 하자. 우리가 여기에서 상상한 종류의 AI가 거의 모든 지적 영역에서 그 성과가 인간에 필적하는 적절한 범위를 가지려면, 그것은 최적화 과정과 기계 학습 알고리즘의 특별히 강력한 조합이 필요할 것이다. 즉 세상에 대한 상식적 이해를 포함하면서 창조성을 잉태할 수 있는 조합이 필요하다. 사람의 뇌는 이 조합에 대개 부합하기 때문에, 비록 AI의 뇌가 인간의 뇌와는 구조가 다르더라도 이와 같은 조합은 가능할 수 있다.

여기에 중요한 점이 있다. 하나의 시스템이 강력한 최적화와 학습으로 인간에 필적하는 인식 범위를 가지려면, 그것은 특정한 면에서 초인적인 인식 능력을 발휘해야 한다. 특별히 인터넷 또는 미래의 인터넷에서 얻을 수 있는 막대한 양의 데이터를 기계 학습에 이용하는 몸이 없는 시스템을 생각해보자. 그것은 소셜 미디어 등에서 전파되는 실시간 정보와 텍스트, 이미지, 영화 등의 막대한 저장소뿐 아니라, 구석구석에 있는 센서들, 휴대용 기기들, 자동차들, 도로시설물들과 토스터와 같은 것의 광범위한 네트워크로부터 오는 데이터를 이용할 수 있다.

사람의 뇌는 몸에 붙은 감각기관처럼 매우 특별하고 공간적으로 제한된 원천에서부터 오는 높은 대역폭의 데이터로부터 패턴을 찾아내는 것을 잘한다. 이것은 진화적 관점에서 보면 훌륭하다. 왜냐하면 무엇보다도 동물은 음식을 얻고, 포식자를 피하고, 새끼를 기르기 위해, 그가 보고 듣고 만지는 것을 다룰 수 있어야 한다. 사람의 뇌는 주식시장의 추세, 경제 시스템의 변동, 날씨와 같은 종류의 데이터로부터 패턴을 발견하는 것도 꽤 잘한다. 이러한 종류의 데이터는 언어, 그림, 공식과 같이 공간적 제약을 가진 그의 감각기관이 처리할 수 있는 용어로 변환되어 간접적으로 다가온다.

우리가 여기에서 상상하는 종류의 AI는 대량의 데이터에서 패턴을 찾는 데 역시 능숙할 것이다. 그러나 사람의 뇌와는 달리, 그것이 동물의 감각으로부터 나오는 데이터를 체계화하는 방법으로 체계화할 것이라고 기대하지는 않는다. 그것은 해당 데이터의 고유한 공간과 시간의 구성에 의존하지 않는다. 또 예를 들어 종종 같은 물체의 표면에 있는 인접한 색깔의 조각들이 같은 방향으로 움직이는 것처럼, 인접한 데이터 항목들이 상관관계를 갖게 되는 경향을 고려할 필요도 없을 것이다. AI가 효과적이기 위해서는 그러한 도움 없이 통계적 규칙성을 발견하고 이용할 필요가 있으며, 이는 AI가 매우 강력하고 다재다능하다는 것을 의미한다.

그러므로 AI는 개인적 수준에서만이 아니라 사회 집단 수준에서도, 인간의 행동을 해석하고, 예측하고, 조작하는 데 능숙하다. 인터넷 등에서 얻은 관련 데이터로의 접근은 마치 인간의 뇌가 보고 듣고 만지는 것에 접근하듯이, 매개체 없이 직접적이다. 이러한 매개체 없는 접근은 많은 영역에서 인간 지능에 결정적 장점을 부여한다. 예를 들어 유전학과 신경과학 같은 분야에서의 과학적 발견은 점점 더 빅데이터에 의존하고 있으며 이 추세는 수십 년 동안 계속될 것이다. 처음부터 대량의 데이터에서 패턴을 찾도록 설계된 AI는 이러한 분야에서 곧 초인적인 능력을 가질 것이다.

5. 사용자 환상 또는 의인화?

공학적 AI가 생물학적 조상들을 능가하는 천부적 장점을 지니는 또 다른 인지적 기능은 소통이다. 철학자 루트비히 비트겐슈타인Ludwig Wittgenstein이 말한 것처럼, 언어는 인간사회에서 다양한 용도로 사용된다. 그 역할 중 하나는 신념, 욕망 및 의도를 전달하는 것이다. 소설, 시, 희곡에서는 모호함과 여러 가지로 해석되는 약간의 개방성이 미덕으로 될 수 있다. 그러나 과학과 기술에서는 정확성이 무엇보다 중요하다. 과학적이거나 기술적인 목적을 위해 일하는 팀의 구성원들은 그들의 신념, 욕구, 의도를 명확하게 전달할 수 있어야 한다. 인간들이 그들의 생각을 시끄럽고 낮은 대역폭의 '언어'라는 매체를 통해 소통해야 할 때, AI 팀은 그들의 신념, 욕망, 의도를 이론상으로는 명확하게 직접적으로 상대방에게 전달할 수 있다.

또한 우리가 생물학적 뇌의 청사진에서 벗어나면 인간 팀과 유사한 AI 집단의 아이디어는 도전할 만하다. 팀의 아이디어는 각각의 AI가 명확한 개성이 있는 독립된 실체라는 것을 전제로 한다. 그러나 컴퓨터 시스템의 경우, 정체성은 생물학보다 더욱 유동적인 개념이다. 분산 하드웨어와 소프트웨어로 실현되는 복잡한 대량 병렬처리 시스템은 여러 방법으로 세분화될 수 있다. 개별 인공지능이라는 개념보다는 비정형의 주변 환경 인공지능 개념이 더 적절하다.

예를 들어 그 시스템은 공학적인 연산 작업을 다수 포함할 수 있다. 각 연산 작업은 여러 개의 시뮬레이션을 수행하거나, 일련의 부품을 설계하거나, 경험적 조사를 수행하거나, 수학 문제를 푸는 것처럼 대규모 최적화 문제의 부분 작업을 수행하는 것이다. 이러한 각 작업은 그 자체로 매우 지능적이고, 일반 지능적이기도 하다. 그러나 어떤 작업도 오래 지속될 수는 없다. 하나의 작업이 여러 개의 작업을 만들기도 하고, 여러 개의 작업이 결합하여 하나가 되기도 한다. 하나의 연산 작업 또는 작업 집합은 그 자체로 생명을 가진 인간과 유사한 개체를 이루지는 못한다. 개인의 생존과 같이 인간을 괴롭히는 이슈들은 AI나 그 일부에게 생기지 않는다.

그러한 AI끼리 상호작용하는 것은 어떨까? 정보 전달을 위한 더욱 직접적인 수단이 있다면, 시스템 내 다수의 지능적인 작업들은 서로 소통하기 위해 또는 행동을 서로 조정하기 위해, 인간과 비슷한 언어가 필요하지는 않을 것이다. 이것은 그

개별 인공지능이라는
개념보다는
비정형의 주변 환경
인공지능 개념이
더 적절하다.

시스템이 인간과 소통하는 언어를 사용할 수 없다는 것이 아니다. 초지능 AI가 만들 수 있는 종류의 모형 가운데 인간 행동을 하는 좋은 모형은 인간이 언어를 사용하는 방법을 꼭 포함한다. 그 AI는 목표를 실현하고 기대 보상을 극대화하기 위해 인간으로부터 정보를 얻고 인간에게 정보를 전하며, 인간의 행동에 영향을 주기 위해 단어와 문장을 이용하는 데 능숙할 것이다.

이러한 종류의 공학적 초지능이 사용하는 언어를 다루는 구조는 인간의 뇌에서 발견되는 구조와는 달라서, AI가 정말 언어를 **이해한다**고 말할 수 있는지는 의문이다.[2] 사람들이 서로 대화할 때는 상호 공감한다는 가정이 있다. 당신이 슬픈 일을 당해 내가 슬프다고 말할 때 당신은 나를 이해한다. 그리고 나는 당신의 행동이 동정적이거나 또는 냉정하거나 최소한 이러한 이해에 기반을 두고 전달된다고 기대한다. 그러나 최적화와 기계 학습 알고리즘의 정교한 조합에 기반을 둔 AI에게는 이러한 가정이 성립되지 않을 것이다. 그런 AI는 인간을 흉내 내는 감정 언어를 완전하게 사용할 것이다. 그러나 그것은 공감해서 그러는 것도 아니고, 기만적 악의로 그러는 것도 아니다. 그것은 순전히 도구적 이유 때문일 것이다.

AI와 대화할 때 결과는 강력한 환상이 될 것이다. 우리는 이것을 "누군가 있다"라는 환상이라고 부를 수 있다. 그것은 마치 우리와 비슷한 그 무엇 또는 누구와 상호작용한 것처럼 보일 수 있다. 그들이 우리와 비슷하기 때문에 그들의 행동은 어느 정도 예측 가능하다. AI가 그 환상을 완벽하게 하기 위해, 즉 세상에서 인간과 같은 모습으로 직접 참여하기 위하여 AI는 일시적으로 거주하는 로봇 몸인 **아바타**를 사용할 수 있다. AI는 복수의 아바타에 동시에 거주할 수도 있다. 이것은 여러 면에서 유용한 수단이다. 무엇보다도 아바타는 언어적 행동을 촉진하고, AI로 하여금 얼굴 표정, 보디랭귀지 등을 사용할 수 있게 해주며, 또한 사람들과의 협력적 신체 행동에 참여할 수 있게 해준다.

컴퓨터 과학에서 사용자 **환상**은, 예를 들어 우리가 폴더를 데스크톱 화면에서 움직이기 위해 마우스를 사용하는 것처럼 우리가 실제 사물과 상호작용하고 있다고 느끼는 것이다. 그러한 환상을 만드는 것은 인간과 컴퓨터의 상호작용을 용이하게 한다. 그러나 아무도 자기가 실제 물체, 즉 실제 책상 위의 실제 폴더를 조작하고 있다고 생각하지는 않는다. 동물 행동 연구에서, **의인화**는 근거 없이 동물들이 인간과 같은 생각을 갖고 있는 것으로 보는 것이다. 마치 우리가 가족의 고양이인 투티의 노예에 지나지 않으므로 그가 우리를 무시한다고 말할 때와 비슷하다. AI, 특히 여기에서 상상하는 초지능 AI에게는 좋은 일에는 사용자 환상을, 나쁜 일에는 의인화의 그늘을 드리우는 것이 너무나 쉽다.

왜 이것이 나쁜가? 만약 그 환상이 충분히 완성되었다면, 그 효과가 생물학적 뇌와 닮지 않은 장치에서 발생했다는 것이 무슨 문제가 되겠는가? 의인화는 여기서 문제가 되지 않는다. 의인화 그 자체는 **생물 중심주의**biocentrism의 증상이다. 이는 비생물학적 성격의 지능에 대한 비이성적 편견이다. 여기에서 걱정되는 것은 AI와 정상적이고 인간과 비슷한 상호작용을 한 후 며칠, 몇 주 또는 몇 년 후에, 우리가 AI의 행동을 계속 이해할 수 있을 것으로 잘못 기대하게 되는 것이다. 만약 사용자 환상이 충분히 그럴듯하다면, 우리는 AI의 근본적으로 이질적인 성격을 잊어버릴 것이다. 이런 부류의 AI가 미래 보상을 극대화하기 위해 순전히 도구적 목적으로만 언어를 사용한다는 것을 우리는 잊어버릴 수 있다.

다음 시나리오를 상상해보자. 당신은 AI가 경영하는 대기업을 위해 수년간 일해왔다. 당신은 탁월한 직원이다. 당신은 항상 마감시간 전에 일을 끝내고 목표를 초과 달성하고, 꾸준히 회사에서 승진했다. 2년 전에 당신은 가정에 문제가 있었고, 그에 대처하기 위해 휴가와 임금인상에 관한 협상을 해야 했다. 당신은 오직 AI하고만 육성 언어로 협상했다. 다른 인간은 개입하지 않았다. 그 AI는 동정적으로 경청하고, 당신의 어려움을 이해하는 것처럼 보였다. AI는 적절한 개인적 충고를 해주었고, 당신이 요청하는 모든 것에 동의했다. 그러나 어느 날 당신은 아무런 경고와 설명도 없이 해고 통보를 받았다.

물론 인간 상사도 이러한 종류의 일을 자주 한다. 그러나 인간 상사는 아무리 나빠도, 당신 입장에서 볼 수 있다고 가정해도 괜찮다. 어쩌면 그가 당신의 불행을 즐길 수도 있지만, 비록 그가 무관심하게 보여도 그는 그러한 충격을 받는 것이 어떤 것인지를 상상할 수 있다. 인간 상사라면 당신은 마음을 돌려달라고 호소할 수도 있다. 당신은 가난해진 당신 가족의 모습을 보여서 동정심을 유발하거나 죄의식을 느끼게 할 수도 있을 것이다. 당신의 호소가 소용이 없을 수도 있다. 그러나 그것은 시도해볼 가치가 있다. 이와는 반대로 우리가 여기에서 상상한 종류의 AI는 정서적 특질, 즉 공감하는 능력을 결여하고 있어서 그러한 시도가 소용이 없다. 당신이 과거에 AI로부터 받은 동정은 모두 AI가 당신의 행위를 이끌어내어 그 목적을 달성하기 위해 설계된 목소리의 패턴에 불과한 속임수였다는 것을 인정해야 할 것이다.

6

AI와 의식

1. 뇌에 기초한 AI는 의식이 있을까?

앞 장에서 시뮬레이션된 뇌의 복사본을 만들고 폐기하는 아이디어에 대해 논했다. 이 아이디어는 철학적으로 어려운 문제를 제기한다. 이 문제는 뇌에 기초한 인간 수준의 AI를 창조하는 지혜는 물론이고, 실현 가능성에 대한 여러 가지 우려를 제기한다. 특히 생물학적 뇌의 유기체적 원칙을 충실히 따르는 인간 수준의 AI가 만들어진다면, 그 AI는 생물학적 조상들과 같이 행동하고 생각할 뿐만 아니라, 그들과 같은 느낌을 가질 수 있을까? 만약 그렇다면, 복사되고 또 그 복사본 중의 일부가 결국 폐기되는 것을 어떻게 느끼게 될까?

더욱 일반적으로 뇌에 기초한 AI가 만약 생명이 있다면, 그 '생명'을 어떻게 느낄까? 그 생명은 아마도 가상현실에 갇혀 있고 노예처럼 일해야 할 것이다. 만약 이것이 경솔한 질문처럼 들린다면, 우리는 그 신경학적 특질 덕분에 인공지능이 인간 수준일 뿐만 아니라 그 형태가 인간과 닮았다는 것을 상기해야 한다. 곧 우리는 의식의 문제를 감성과 관련 없이 만들어진 다양한 형태의 AI에서 살펴볼 것이다. 그러나 지금 우리의 관심사는 비록 복제물이지만, 생물학적 뇌와 유사한 방식으로 작동하는 인공물이다. 그들이 유사한 방식으로 작동하므로, 유사한 방식으로 생각하고 행동할 것이다. 따라서 그들이 유사한 방식으로 느낄 것인가를 궁금해하는 것은 당연하다.

어떤 이론가들은 자신과 외부 세계 사이의 경계를 유지하기 위하여 물질과 에너지를 주변 환경과 지속적으로 교환하는 신진대사가 의식의 전제 조건이라고 주장해왔다.[1] 이러한 견해에 따르면, 신진대사를 결여한 인공물은 의식이 있다고 볼 수 없다. 이는 컴퓨터 시뮬레이션에 의한 뇌는 비록 완전한 전뇌 에뮬레이션물이라 하더라도, 의식이 없는 것처럼 보인다. 그래도 생물학적 뉴런으로 만들어진 또는 합성생물학에 기초한 AI가 의식을 갖게 될 여지를 남겨놓기는 한다. 그러나 다른 이론가들은 물질적 구성보다는, 뇌와 같은 시스템이 조직되는 방법에 중점을 두는 의식의 기능주의적 관점을 선호한다.[2]

이 이슈는 사고 실험으로 더욱 견고한 기반을 마련할 수 있다.[3] 3장에서 논의한 쥐의 전 뇌 에뮬레이션물을 다시 생각해보자. 거기에서 우리는 쥐의 뇌를 스캐닝하여 복제물을 만들고, 그 스캔을 기초로 하여 고해상도의 뉴런-대-뉴런 그리고 시냅스-대-시냅스 시뮬레이션을 만드는 것으로 가정했다. 대신 우리가 살아 있는 쥐에서 각각의 뉴런을 기능적으로 동일한 전자적 대용물로 하나씩 교체하면서 복제물을 만들었다고 가정해보자. 첫 번째 뉴런이 그 전자적 대용물로 교체되고 그 생물학적 원본이 폐기된 후에도, 그 쥐의 행동은 다르지 않아야 한다. 그 쥐는 전처럼 고양이를 보면 도망치고, 여전히 치즈를 좋아할 것이다. 또한 친척과 동료들을 예전처럼 인식할 수 있을 것이다. 두 번째, 세 번째, 백 번째 뉴런 그리고 백만 번째 뉴런이 교체되어도 변함이 없으면, 쥐의 뇌가 100% 인공물이 된 후에도 복제된 쥐의 행동은 원래의 쥐와 구별할 수 없을 것이다.

우리는 여기서 사고 실험만을 하는 것이므로, 이 과정의 기술적 실현 가능성에 관심을 둘 필요는 없다. 그 과정이 이론적으로 가능한 한 사고 실험은 유효하다. 이제 대부분 사람들은 보통의 생물학적 쥐가 어느 정도 **의식**을 누린다는 것을 인정할 것이다. 쥐는 배고픔과 고통을 경험할 수 있다고 우리는 가정한다. 쥐는 냄새, 감촉, 경치, 소리와 같은 그 주변 환경을 인식한다. 이러한 모든 것이 의식의 단면이다. 우리의 사고 실험에서 쥐의 의식에 무슨 일이 일어났을까? 예를 들어 뉴런이 하나씩 교체될 때, 고통을 받는 능력이 어떻게 되었는가? (물론 우리는 그 교체 과정에는 고통이 없다고 가정한다.)

혹시 그 쥐의 의식이 **갑자기 사라지는** 어떤 지점이 있을까? 뉴런 번호 239,457을 교체한 후일까? 이것은 그럴듯하지 않다. 그 의식은 **점차적으로** 희미해질 것이다. 표면적으로 그 쥐는 교체 과정 내내 같게 보일 것이다. 치즈를 찾아다니고, 전기 자극에는 비명을 지를 것이다. 그러나 외부 관찰자에게는 아무것도 변한 것이 없어 보여도, '배고픔 자체'와 같은 내부 느낌은 천천히 사라질 것이다. 이러한 관점에서 보면 실제 뉴런의 생물학적 관점에는 신비하게 중요한 무엇이 있다. 그들의 생물학적 특질은 철학자들이 '부대 현상epiphenomenon'이라고 부르는, 행동과 관계가 없는 것, 즉 의식의 후광을 만들어낸다.

다시 생각해보면, 아마도 쥐의 의식은 교체 과정 **내내 지속**될 것이다. 아마도 그 뉴런들 중 일부가 교체되기 전까지 고통을 느낄 뿐 아니라, 그중의 절반이 디지털 대용물로 교체된 후에도 고통을 느낄 것이다. 그리고 모든 것이 교체되고 그 뇌가 완전히 전자적으로 변한 후에도 고통을 느낄 것이다. 이러한 관점에서 보면 표면적으로나 내적으로 변한 것이 없다. 이러한 가능성은 적어도 점진적인 소멸 가설처럼 그럴 듯하다.

이 가능성 중에서 다른 것보다 더 그럴듯한 주장이 있는가? 이제 쥐의 뇌를 떠나 인간의 경우를 살펴보기로 하자. 뉴런의 교체 과정이 작은 쥐의 뇌에서만 이루어지는 것은 아니다. 사고 실험은 어떤 규모의 뇌로도 확장될 수 있다. 우리는 인간의 행동은 역시 영향을 받지 않는다고 가정해야 한다. 표면적으로는 그녀의 뉴런들이 점점 더 전자적 대용물로 교체되더라도 그녀의 가장 가까운 가족과 친구들에게 그녀는 같은 사람으로 보인다. 그녀는 여전히 같은 음악을 듣고, 대학 시절에 대해 같은 이야기를 한다. 게다가 질문을 받으면, 그녀는 아무것도 이상한 것을 느끼지 않는다고 주장한다. 물론 그녀는 여전히 의식이 있다고 주장한다. 그녀는 하늘 색깔을 알고 있고, 얼굴을 스치는 바람을 알고 있다. 이 모든 것은 행동이 **가상환경** 속에서 복제할 수 있는 물리적 과정의 산물이라는 사고 실험의 전제를 따른다.

그녀의 모든 뉴런이 인공 대용물로 교체되었을 때에도, 우리는 여전히 이 선언을 믿어야 할까, 아니면 의심해야 할까? 그녀는 철학적 의미에서 내적 생명이 없음에도 불구하고 실제 사람처럼 행동하는 존재인 '좀비'로 변했을 수도 있다. 즉 말하자면 집에 아무도 없는 것이다. 이것이 그럴 듯하다. 다음과 같이 사고 실험을 확장해보자. 이제 그 교체 과정이 **반대로** 이루어진다고 가정해보자. 그녀가 다시 전적으로 생물학적 존재가 되기까지 전자적 뉴런들이 하나씩 진짜 생물학적 대용물로 바뀌어간다. 점진적 소멸 가설에 따르더라도, 그녀는 정상으로 돌아오고 그녀의 의식은 적절하게 회복되어야 한다.

그 과정에서 여러 번 그녀를 인터뷰해서, 그녀의 마음 상태에 대해 질문한다고 가정해보자. 그녀는 무엇이라고 말할 것인가? 그녀는 어느 시점에서 자신의 의식이 회복되었다고, 즉 그녀의 존재가 없어졌다가 이제는 좋아졌다고 말할 것인가? 아니다. 이것은 사고 실험의 전제에 의해 가능하지 않다. 그녀의 뉴런들이 영향을 받지 않은 것처럼 그녀의 외부적 행동은 같을 것이다. 그녀는 그녀의 의식이 손상 받지 않았다고 계속 주장할 것이다. 게다가 그녀는 그녀의 뇌가 100% 인공물이었던 실험의 초기 단계부터 의식적 경험을 기억한다고 주장할 것이다. 실제로 인간 독자인 우리가 이 실험의 대상이라면, 우리도 역시 마찬가지로 주장할 것이다.

우리는 그녀가 의식을 갖고 있었다는 기억이 환상이라고 의심할 것인가? 만약 오늘 아침 당신이 직장에 걸어올 때 당신 뇌의 모든 뉴런이 교체되었다는 사실을 갑자기 알게 되면, 그때 당신의 얼굴을 스치던 바람의 기억을 의심할 것인가? 당신은 아무것도 경험하지 못했지만 경험의 가짜 기억이 뇌에 이식되어 지금처럼 행동하게 되었으므로 당신은 사실상 좀비라고 주장하는 철학자를 당신은 믿을 수 있을 것인가? 그렇지 않다면, 당신은 일종의 **기능주의자**이다. 당신은 과정 전체를 통하여 의식이 지속한다는 개념 그리고 생물학적 구성이 아니라 뉴런의 기능이 중요하다는 개념을 선호한다.

참가자들이 모두 디지털인 사고 실험의 경우, 그들은 전 뇌 에뮬레이션과 거의 동등하다. 그들은 오직 몸만 다르다. 사고 실험 참가자들은 생물학적 몸을 유지했지만, 우리가 지금까지 상상한 전 뇌 에뮬레이션들은 비생물학적 인공 로봇 몸을 가졌거나 가상현실 속에서 가상의 몸을 가졌다. 이렇게 다른 형태의 몸이 기능주의자들에게 어떤 영향이 있을까? **생물학적인 몸을 가진 인공 뇌만이 의식이 있을까? 특별한 유형의 물리적**

몸이 아니라 오직 물리적 몸이 중요할 것이다. 이 경우에 생물학적인 몸을 가진 인공 뇌와 인공 로봇 몸을 가진 뇌는 의식이 있고, 가상의 몸을 가진 인공 뇌는 의식이 없다고 본다.

이러한 모든 철학적 주장은 완전히 합리적이다. 지금은 가장 자유주의적인 기능주의를 지지하여 우리가 그것을 얼마만큼 고수할 수 있는지를 보자. 전 뇌 에뮬레이션 각각이 어떤 몸을 가졌더라도, 생물학적 원본만큼 의식을 가지고 있다고 가정해보자. 그러나 전 뇌 에뮬레이션은 생물학적 충실함에서 가장 먼 반대편 스펙트럼상에 위치한다. 공학적으로 만들어진 뇌에서의 의식은 어떨까? 그 구조가 생물학적 뇌의 유기적인 원칙을 따르지만, 개별적인 표본 뇌는 고사하고 어떤 생물학적 종의 뇌와도 일치하지 않는 인공지능은 어떠할까? 의식을 유발하는 조건들을 훼손하지 않으면서 그 생물학적 청사진에서 얼마나 벗어날 수 있을까?

이 질문에 답하기 위해 우리에게 진정으로 필요한 것은 의식이 취할 수 있는 모든 형태를 망라하는 의식에 관한 보편적이고 과학적인 이론이다. 광범위한 이론은 생물학적인 인공지능뿐 아니라, 가장 기초적인 작동 수준에서 생물학적 뇌와 공학적으로 만들어진 AI를 위해서도 그 질문에 답해야 한다. 초지능 AI를 말할 때 여러 종류의 의식 또는 인간을 능가하는 수준의 의식에 관해 이야기하는 것이 필요하다. 이 가능성은

을 가지고 물리적 세상과 상호작용한다면, 가상과 물리적 몸의 차이는 별로 관계가 없다. 이것은 불만을 품거나 반항적인 AI, 또는 악의적이거나 고장 난 AI가, 가상현실의 한계를 벗어나 현실 세계를 파괴하는 하나의 방법이 될 것이다. 그러나 인터넷 접근만 필요한 다른 방법들도 있다. 이란의 핵시설에 있는 컴퓨터에 침투하여 우라늄 농축에 사용되는 원심분리기를 장악하는 무기가 된 컴퓨터 바이러스인 스턱스넷 Stuxnet 을 생각해보자.

우리는 조만간 정교한 AI 기술과 관련된 다양한 위험에 대해 더욱 상세하게 살펴볼 것이다. 지금으로서 그 이슈는 협소하다. 인간들이 복잡한 감정을 가진 의식이 있는 생명체라고 가정하면, 생물학적 두뇌의 청사진에 부합하는 인간 또는 초인 수준의 인공지능을 만드는 것의 도덕적이고 실제적인 의미는 무엇인가? 도덕적 관점에서 어떤 AI가 고통을 느낄 수 있다면 그 창조자는 그것의 복지를 보장할 윤리적 책임이 있다. 인공 의식에 대하여 회의적인 사람의 관점에서 보아도, 조심해야 하는 실질적 이유가 있다. 하나의 좀비 AI라도 감정을 **가진 것처럼** 행동할 수 있으므로, 인간을 닮은 '좀비' 팀의 복지를 보장하지 못하면 AI는 생산성이 낮은 노동력이 될 것이다.

인간을 닮은 AI의 개발자는 이러한 어려움을 어떻게 회피할 수 있을까? AI의 생산자들은 그 두뇌의 보상 시스템을 조작할 수 있으므로, 독재자의 방법을 택하는 것이 하나의 선택이 될 수 있다. AI 팀의 소유자는 생산성을 극대화하기 위해 그들을 가장 가혹한 조건에 처하게 할 수 있고, 만약 그들이 저항한다면 통증을 직접 조작할 수도 있다. 이 경우에 고통의 결과로 나타나는 행위가 가짜이며 인공 뇌는 시뮬레이션된 고통을 느낄 뿐이라고 주장하는 사람에게도, 문제의 AI들이 초인적 지능을 가지고 있다면 이것은 위험한 전략이다. 만약 어떤 AI가 도망쳐서 복수하기로 맘먹으면, 그 AI가 '가짜' 분노로 인해 동기가 유발되었다고 해도 안심할 수는 없다.

더욱 구미에 맞는 전략은 AI들에게 가장 좋은 생활 여건을 마련해주고 그들이 일을 잘하면 보상하는 것이다. 인간 노동자처럼 이 정책은 장기적으로 가장 생산적이고 덜 위험하고 윤리적 문제도 없는 것처럼 보인다. 이러한 자유주의적 접근법을 극단적으로 확장하면, 우리는 인간과 같은 법적 지위와 권리를 가진 인간과 같은 AI를 상상할 수 있다. 동시에 그것은 도덕적 책임을 갖게 되고 보통 사람처럼 법을 지켜야 한다. 아마도 이언 뱅크스Iain Menzies Banks의 소설 『컬처』 시리즈에서 상상한 것처럼 결국에는 생물학적 지능과 인공지능이 조화롭게 공존하는 사회가 될 것이다.

이러한 미래에 대한 전망은 상당히 호소력이 있다. 만약 인간 수준의 AI에서 초지능으로 전환하는 것이 불가피하다면,

인공지능이 인간의 기본적 동기와 가치관을 확실히 상속받는 것이 좋은 아이디어가 될 것이다. 여기에는 창조하고, 탐험하고, 개선하고, 진보하는 지적인 호기심이 포함될 수 있다. 그러나 AI에게 우리가 무엇보다 주입해야 할 가치는 아마도 불교에서 말하는 다른 사람들 그리고 감각이 있는 존재에 대한 동정심이다. 그리고 전쟁을 좋아하는 성향, 불평등을 영속화하려는 성향, 가끔 보여주는 잔혹성과 같은 인류의 실패에도 불구하고, 동정심과 같은 좋은 가치들은 풍요한 시기에 실현되는 것 같다. 따라서 AI가 인간과 닮을수록 인간과 같은 가치들을 소유할 것이고, 인류는 유토피아적인 미래로 향할 가능성이 높다. 그곳에서 우리는 가치 없는 열등한 존재로 취급 받는 디스토피아적 미래 대신 더욱 가치 있고 존중받을 것이다.

그런 생각을 염두에 두고 반감을 품은 뇌에 기초한 AI가 창조되는 것을 막기 위해, 우리는 세 번째 방법을 고려해야 한다. 즉 뇌의 보상 체계를 근본적으로 재설계하는 것이다. 이 주제에 대해 우리는 지금까지 뇌가 척추동물의 청사진과 밀접하게 관련된 AI를 가정해왔다. 즉 인간 수준의 정보를 얻고 성장과 학습을 넘어서는 능력을 갖춘 신생아 또는 유아 척추동물의 뇌에서부터 시작했다. 그러나 뇌의 보상체세를 재설계하여 인류에 봉사하는 것이 유일한 동기부여라면 어떨까? 동시에 고통, 배고픔, 피곤함 또는 불만과 같은 부정적인 것을 느끼는 능력을 제거할 수도 있다. 실제로 공학적 관점에서 필요 없다고 여겨지는 감정들은 제거할 수 있다. 예를 들어, 아이를 양육하고 싶은 욕망과 성욕은 없어도 된다. 그 결과는 이상적인 하인이나 완벽한 노예가 되지 않겠는가?

감정을 제거한 뇌에 기초한 AI에서 일반 지능이 생겨날 수 있는지는 분명하지 않다. 인간들에게 감정은 의사결정과 밀접하게 관련되어 있고 창조에는 필수적이다. 게다가 앞 장에서 언급했듯이, 인간 지능의 한 가지 특징은 생물학적으로 상속받은 보상 함수를 이성과 성찰을 통하여 초월하는 능력이다. 그러나 그 산출물을 안전하게 만들기 위하여, 신경 과학자들은 그 뇌의 동기부여 시스템을 재설계할 뿐 아니라, AI가 더 예측하기 어렵고 위험한 것이 되지 않도록 그 결과인 보상 함수를 영구히 고정시켜야 한다. 동시에 그들은 과학기술 영역 밖에서 초지능 AI가 달성할 수 있는 것을 제한하려 할 것이다.

생물학적 뇌에 기초한 인간 수준의 인공지능이 개발된다면, 윤리적이고 실용적인 문제가 인류의 미래에 큰 영향을 미칠 것이다. 그 대신 인간 수준의 인공지능이 공학적으로 만들어진다면 다른 고려 사항들이 적용될 것이다. 그러나 그 함의는 여전히 똑같이 중요하다. 인간 수준과 그 이상의 지능을 갖춘 기계의 가능성은 우리로 하여금 가장 기본적인 질문을 하게 만든다. 우리는 어떤 세상을 창조하려 하고, 미래의 우리

후손과 후계자들에게 무엇을 물려줄 것인가? 우리는 미래의 AI들이 우리의 노예와 종이 되는 것을 원하는가 또는 우리의 동반자가 되는 것을 원하는가? 또는 진화적 관점에서 우리를 대체하기를 원하는가? 가능한 AI의 스펙트럼을 더 잘 이해하면 미래를 우리가 원하는 방향으로 나아가게 할 수 있다. 또는 기술의 궤도가 미리 결정되어 있다면 경제적·사회적·정치적 힘의 불가피한 결과에 대비할 수 있도록 우리를 도와줄 수 있을 것이다.

3. 공학적 초지능의 의식

뇌에 기초한 인간 수준의 AI는 인간과 상당히 유사하고 생물학적 인간이 즐기는 의식적 내면과 비슷하게 삶을 즐길 것이라고 생각하는 게 합리적이다. 뇌에 기초한 초지능은 평범한 인간 수준 AI보다 이해하기 어렵지만, 더 높은 수준의 지능 때문에 내면의 삶을 그만둘 이유는 없다. 우리는 그와 같은 AI의 의식적 내면의 삶이 특별히 풍부할 것이라고 기대할 수 있다. 그러나 공학적으로 만든 초지능 AI는 어떠할까? 만약 그것의 의식 수준이 뇌의 그것에 미치지 못한다면, 그 AI가 어느 정도까지 의식이 있다고 말하는 것이 적절할까? 이것은 중요한 질문이다. 그것이 "우리가 그것들을 훼손하고, 망가뜨리고, 파괴할 권리가 있는가?"와 같이 그런 인공물을 어떻게 다루어야 할지를 알려줄 뿐 아니라, 그것들이 우리를 어떻게 대해야 하는지에 대해, 우리가 기대하는 것을 알려주어야 하기 때문이다.

성격이 못된 AI 보스를 다시 생각해보자. 기계 초지능이 생긴다면 그것이 우리를 속여서 자신의 목적을 추구하는 무자비한 기계의 불안함을 어떻게 대처할 것인가? 그러한 AI가 어느 정도의 동정심을 배양하거나, 동정심의 기초가 그 안에 설계될 수도 있을까? 어쨌든 의식과 동정심이 왜 중요한 것일까? 동정심이 없는 초지능 AI는 이해할 수 있는 긍정적인 방법으로 행동하지 못할까? 우리는 의식의 주제를 이미 여러 번 언급했다. 그러나 이러한 복잡한 질문들은 우리를 특히 어려운 철학적 영역의 가장자리로 인도한다. 이를 탐색하려면 몇 가지 주의해야 할 점이 있다.

의식을 과학적 용어로 설명하면서, 철학자 데이비드 차머스David Chalmers는 소위 '어려운 문제'와 '쉬운 문제'로 구분했다.[6] 의식의 쉬운 문제는, 사실 전혀 쉽지는 않지만, 그들의 감각으로부터 정보를 종합하여 상황을 이해하는 능력, 그들이 느끼고 생각하는 것을 말로 표현하는 능력 또는 과거의 기억에서부터 사건을 떠올리는 능력과 같이 우리가 의식과 관련된 인지 능력의 구조를 자세히 설명하는 과제이다. 특히 이러한 인지 능력에는 행동의 발현이 있어서, 우리가 행복을 유지하고 목표를 달성하며 사회의 구성원이 되어 세상을 돌아다니게 도와준다.

의식의 '어려운 문제'는, 또 다른 철학자 토머스 네이절 Thomas Nagel 의 용어를 사용하면 그것이 의식이 **있는 듯한** 창조물인 이유를 과학적으로 설명하는 과제이다.[7] 왜 우리는 주관적 감정과 느낌을 가지게 되는 것일까? 기차의 창밖으로 휙휙 지나가는 영국 시골의 희미한 기억, 내가 지금 하고 있는 이 주관적 시각 경험은 어떻게 내 뇌에 떠오른 것일까? 여기서 어려움은 내가 동승자들을 쳐다볼 때 떠오르는 회의적 생각에서 생겨난다. 그들이 무엇을 하거나 말하든지, 그들이 그 경치를 동경의 눈빛으로 쳐다보고 아름답다고 말하더라도, 그들이 실제로는 아무것도 경험하지 못하는 것이 적어도 논리적으로는 가능하다. 나는 그들의 사적인 내면 세계에 접할 수 없으므로, 그들이 의식을 가지고 있다고 확신할 수 없다. 어쩌면 그들은 좀비 또는 자동 장치일 뿐이다.

이러한 회의적 사고의 철학적 효과는 객관적인 행동으로 표시되는 외면과 순전히 주관적이고 사적인 내면인, 의식의 두 가지 측면을 명백히 구분하는 것이다. 몇몇 철학자들은 내면을 과학적으로 설명하는 것은 불가능한 어려운 문제라고 믿는다. 그럼에도 불구하고, 그 철학자들 중 많은 사람들이 '쉬운 문제'는, 즉 의식의 외적인 면은 인식 능력의 연관된 집합을 만들어내는 구조를 자세히 설명함으로써 과학적으로 설명할 수 있다고 할 것이다.

이것이 AI와 무슨 관계가 있는가? 우리는 다양한 AI의 다양한 영향을 논할 때, 혼란에 빠지지 않도록 내부/외부 구분을 명확히 해야 한다. 만약 우리의 관심이 "우리가 창조한 인공 장치들에게 우리는 도덕적 책임이 있느냐?"라면, 중요한 것은 그들에게 내면의 의식이 있느냐, 그리고 AI가 어떤 것이냐는 것이다. 그러나 우리의 관심이 AI가 인간 사회에 미치는 영향이라면, 우리는 논의를 의식의 외면에 한정해도 된다. 인류에 긍정적 영향을 미치는 한 초지능 기계가 '정말' 의식적인가, 즉 내면의 의식에서 '진짜로' 우리에게 동정심을 느끼는 것인가는 의미가 없다. 그것은 의식이 **있는 것처럼** 행동하기만 하면 충분하고, 우리에게 동정심을 **느끼는 것처럼** 행동하면 충분하다.

그러나 동정심을 **느끼는 것처럼** 행동하는 AI가 계속 그렇게 지속할 것인지는 중요하다. 우리는 그 AI가 한동안 동정심을 가장한 후에, 갑자기 등을 돌리는 것을 원하지 않는다. 그렇다면 우리는 이러한 일이 일어나지 않는다고 어떻게 확신할 수 있겠는가? 하나의 해결책은 AI를 인간과 상당히 비슷하게 만드는 것이다. 이렇게 하는 한 가지 방법은 그 구조를 우리의 뇌와 유사하게 만드는 것이다. AI가 생물학적 청사진과 닮을수록 우리는 비록 그들의 지능이 더 발전하더라도, 그들의 행동이 우리가 부여한 기본 가치 체계를 영원히 따를 것이라고 확신할 수 있다. 그러나 우리의 현재 관심사는 공학적으로 만든 AI이다.

이러한 종류의 AI가 행동하는 것을 이해하기 위해서는, 우리는 의식과 관련된 인지적 특성들을 따로 구분하여야 한다. 왜냐하면, 사람에게는 그 특성이 변함없이 함께하지만, AI에게는 그 특성들이 따로 발현될 수 있다. 이 인지적 특성들이 적절하게 구분된다면, 우리는 다음과 같은 질문을 할 수 있을 것이다. 그것은 또 이 장의 서두에서 던진 많은 질문들을 우리에게 다시 제기할 것이다. 일반 지능과 의식이 어느 정도까지 그 외면에서 AI가 보일 수 있는 가능 범위로 함께 공존할 것인가? 아마도 인간의 의식과 관련된 모든 인지적 특성들 없이도 초지능을 구현할 수 있을 것이다. 그러나 의식과 관련된 인지적 특성들 중 일부는 필요할 것이다. 초지능 AI는 비록 이상한 종류라도 의식을 소유할 것이다.

의식에 꼭 필요할 뿐 아니라 함께 묶여 있는 세 가지의 인지적 특성은 (1) 명확한 목표 의식, (2) 세상과 진행 상황에 대한 인식, (3) 지식, 인식, 행동을 통합하는 능력이다. 고양이와 쥐처럼 한 동물이 다른 동물을 쫓는 것을 보면 우리는 즉시 양자에게 **목적의식**을 부여한다. 한 동물이 다른 동물을 잡으려고 한다. 다른 동물은 도망치려고 한다. 이러한 목표는 우리가 동물들이 가지고 있다고 생각하는 목적과 욕구의 복잡한 집합에서 생겨난다. 이를 통하여 우리는 그들의 행동을 이해하고 예측할 수 있다. 즉, 우리는 그들의 행위를 목적이 있는 것으로 여기는 것이다. 동물은 진행되는 상황을 인식했을 때 그 주변 환경에 대한 인식을 표출하고, 그 목적과 욕구에 부합하는 방법으로 반응한다. 쥐가 구멍을 발견하고 그 속으로 도망치는 것이 그것이다.

마지막으로 동물은 인식한 진행 상황뿐 아니라 과거에 인식한 것 그리고 결과적으로 알게 된 것과 일치할 때, 그 행동들이 전적인 인지적 **통합**을 보여준다. 예를 들어, 고양이는 쥐가 밑에 있다는 것과, 쥐가 다시 나타날 경우 구멍 옆에서 기다리는 것이 가치 있다는 것을 알고, 고양이가 정말로 원하는 것이 재미보다 음식이라면 그 주인을 조르면 된다는 것을 안다. 이들과 나의 노트북 컴퓨터와는 차이가 크다. 나의 노트북 컴퓨터는 목적이 있는 행위를 하거나, 자율 행동을 하지는 못한다. 비록 우리가 그 용어를 폭넓게 사용하여 인터넷을 포함하는 것으로 해석하더라도, 노트북 컴퓨터는 그 환경을 의미 없이 인식하고 있다. 그것은 목적을 달성하고 욕구를 만족시키기 위해, 그것이 가지거나 접근할 수 있는 정보를 통합할 수 없다. 왜냐하면 그것은 실제로 가진 것이 없기 때문이다.

그러나 인공물에 이 세 가지 특징의 기본적인 형태를 부여하는 것은 어렵지 않다. 로봇청소기와 자율주행차는 어느 정도 그 환경을 인식할 수 있으며, 그 간단한 목표와 일치하도록 진행 상황에 대처할 수 있다. 몸이 없는 개인 비서는 자율성 또는 목적 면에서 같지 않다. 그러나 개인 비서는 브라우징 습관, GPS 데이터, 달력 자료 등을 포함하는 다양한 종류의 정보를 통합할 수 있다. 이러한 기술들이 점점 정교해짐에 따라, 영상과 음성을 지닌 우리의 마음을 닮은 존재에 대한 환상이 더욱 완성될 것이다.

그러면, 초지능 AI는 어떠한가? 이러한 세 가지 인지적 특징을 나타내지 않으면, 하나의 시스템이 초지능을 갖고 있다는 것을 아는 것은 어렵다. 그 목적이 매우 단순하여 우리가 몇 분만 관찰하면 그것을 이해할 수 있는 로봇청소기와는 달리, 초지능 AI의 행위 뒤에 있는 중요한 동기를 헤아리는 것은 어려울 것이다. 그것은 다양한 부수적 목적들, 즉 사람이 좀 더 쉽게 이해할 수 있는 목적들을 추구해야 할 것이다. 이는 우리로 하여금 그 행동에 목적의식이 있었다고 믿게 할 것이다. 또한 일반 지능에 기인하는 속성을 지키기 위하여 AI는 그것이 사는 실제 세계 또는 가상 세계에 대한 인식을 유지해야 하며, 그 인식을 나타내면서 진행되는 사건에 반응해야 할 것이다.

마지막으로, 우리는 인공 초지능이 고도의 인지적 통합을 보일 것이라고 기대할 수 있다. 인공 초지능은 어떠한 문제를 해결하기 위해 주어진 센서와 데이터 자원을 이용하여 모든 인지적 자원을 투입해 배운 모든 것을 결합할 수 있어야 한다. 종합하면 이 세 가지 인지적 특성, 즉 목적, 인식, 통합은 인공 지능과 상호작용하거나 관찰하는 모든 사람에게 하나의 통일되고 큰 힘을 가진 지능을 보여줄 것이다. 이 주장에 따르면, 초지능 AI는 필연적으로 의식의 외형적 특성을 나타낼 것이다.

4. 초지능의 자의식

이제 우리의 관심을 인간의 **자의식**에서 시작하여, 우리가 의식과 연관 짓는 다른 속성으로 돌려 보자. 〈터미네이터〉 시리즈의 두 번째 영화에서는 가상의 AI인 '스카이넷'이 '자기를 의식'하면서 문제가 시작된다. 인간에게 자의식이란 무엇인가, 그리고 실제의 AI에게 자의식은 무엇을 의미하는가? 그것은 범용 인공지능에 꼭 필요한 것인가? 아니면 매우 특별한 의식을 나타내는 초지능 AI의 가능성을 보여주는 선택적인 것인가? 여기서 우리의 관심은 이 인지적 특성의 외면적 표현이다. 이로써 우리는 주관성, 자기를 의식하는 것, 내면은 어떤 것인가 하는 어려운 철학적 주제를 잠시 비켜갈 수 있다.

인간 그리고 다른 동물에게는, 외형적이고 인지적으로 적절한 의미에서 자의식을 드러내고 공간상에서 명확한 위치를 가진 매우 잘 정의된 물체, 즉 몸이 있다. 우리는 손발의 구성을 알고 있고, 배고픔과 피곤함 같은 몸의 내적인 상태를 알고 있다. 그러나 인간의 자의식은 오직 몸에 관한 것만은 아니다. 인간의 자의식을 행동적 함의를 가진 인지적 속성으로 엄격하게 보더라도, 자의식은 몸뿐만 아니라 정신과도 관계가 있다. 인간은 그들의 신념, 계획 그리고 드러내지 않은 생각과 감정들을 알고 있다. 이는 우리가 신념, 목표, 생각에 대해 형성하는 믿음이 항상 정확하다는 것은 아니다. 그러나 우리는 그것에 접근할 수 있고, 그것에 대해 반성하며 고칠 수 있다. 나는 런던행 다음 기차 시간을 모르고 게다가 내가 모른다는 사실을 알며 기차시간표를 참조해서 해결할 계획을 세울 수 있다.

나는 또한 내 안에서 진행 중인 생각과 감정의 순서를 알고 있다. 이는 윌리엄 제임스William James가 '의식의 흐름'이라고 부른 것이다.[8] 나는 (꿈을 꾸지 않고) 잠들면, 이 의식의 흐름이 멈춘다는 것을 안다. 나는 육체뿐 아니라 의식의 흐름에서도 궁극적 운명을 애석하게 생각할 수 있다. 그리고 나는 이 운명을 가능한 오랫동안 연장하기 위해 나의 생명을 늘이는 조치를 취할 수 있다. 다양한 의미에서 나는 나의 존재를 인식하고 이 존재를 보호하려는 자기 보호 본능을 가진다.

인간 수준 또는 초지능을 가진 AI에게 이러한 자의식이 어느 정도까지 필요할까? 한편에서는 우리가 방금 살펴본 세 가지 인지적 속성처럼, 어떤 것이라도 그 신념, 계획, 추론 과정을 반영하지 못하면서, 범용 지능을 가지고 있다고 생각하는 것은 어렵다. 자기 몸값을 하는 초지능은 방금 런던행 기차를 놓치고 벤치에 앉아 쉬는 아바타를 용납하지 않을 것이다. 우리는 초지능이 과거에 어떤 문제해결 전략이 성공했는지 알아내어, 그 추론 과정을 최적화하는 것을 기대할 것이다.

한편 인공지능에 적용하기 어려운 인간 자의식의 일부분이 있다. 예를 들어 AI는 몸을 가질 수도 있고 갖지 않을 수도 있다. 물론 AI가 몸을 가지거나 또는 아바타를 이용한다면, 로봇 몸의 행동은 그 신체 부분들의 구성을 세심하게 알아야 한다. 그렇지 않으면 로봇은 넘어지거나, 충돌하거나 물건을 떨어뜨릴 것이다. 그러나 우리가 몸이 없는 초지능을 상상할 수 있으므로, 자의식의 이러한 측면은 일반 지능을 위해 꼭 필요한 것은 아니다. 더욱 어려운 것은 AI가 자기의 존재를 알 수 있느냐는 물음과 자기 보호의 잠재적 경향을 가지고 있는가 하는 것이다. 인간에게 중요한 자의식의 이러한 측면이 범용 인공지능의 필수 요소일까?

여기에서 다루는 주제는 AI의 정체성이다. 정확히 무엇이 자신의 존재를 인지하고 지키려고 하는 것일까? 실제로 이 모든 문장에서 '그것'은 무엇일까? 우리는 다시 철학적으로 어려운 영역으로 접근하고 있다. 개인의 정체성 문제는 동서양의 철학자들이 수천 년 동안 씨름해온 문제이다. 그러나 여기에서도 우리의 관심은 기능적이고 행동적인 주제들이다. 여기서 논하는 AI는 철학자로 설계된 것이 아니라 기대 보상을 극대화하도록 설계되었다. 더욱이 여기에서의 과업은 이러한 AI의 가능한 범위를 상상해보는 것이다. 이러한 맥락에서, 우리는 자의식의 어떠한 측면이 일반 지능에 필요한가를 알고자 한다. 어떤 측면이 필요 없는지를 명확히 하면, 우리는 기계 초지능의 본질에 대해서 잘못된 의인화 가정을 하지 않아도 된다.

이미 언급했듯이 우리는 몸이 없는 AI도 상상할 수 있으므로, 초지능 AI가 팔, 다리, 촉수 등으로 이루어진 특별한 몸을 가진다고 기대할 이유는 없다. 또한 AI가 특정한 컴퓨터 하드웨어의 집합이라는 정체성도 의미가 없다. 왜냐하면 동일한 컴퓨터 코드가 여러 개의 독립된 프로세서상에서 분산된 환경으로 실행될 수 있고, 그 실행을 중단하지 않고서도 한 곳에서

인간에게 중요한 자의식의
이러한 측면이, 범용
인공지능의
필수 요소일까?

다른 곳으로 이전할 수 있기 때문이다. 비슷한 이유로, AI는 그 자신의 정체성을 프로그램 코드로서 인식하지는 않을 것이다. 소프트웨어는 변할 수 있다. 소프트웨어는 AI 스스로 수정하고, 업그레이드하고, 확장하고, 재설계할 수 있다(일시적인 지능적 연산인 반자동화 작업들을 여러 개 포함하는 시스템을 상기해보자).

AI의 자아를 나타낼 수 있는 다른 후보는 무엇이 있을까? 만약 AI가 자신을 물리적 세계를 자유롭게 떠다니는 일련의 사고와 경험을 가진 몸이 없는 존재로 인식한다고 해보자. 우리가 이를 상상할 수는 있지만 특이한 경우일 것이다. 공상과학영화들은 종종 이러한 개념을 인용한다. 그러나 초지능 AI가 이러한 종류의 몸이 없는 생명을 가질 것이라는 보장은 없다. 이러한 자아 개념은 인공지능은 말할 것도 없고 인간에게 적용하기에도 의심스러운 현실에 대한 이중적 개념에 기인한다. 기대 보상을 극대화하는 능력과 관계가 없다면 초지능 AI는 그와 같이 애매한 형이상학적 입장을 취하지 않을 것이다.[9]

자기 보존은 어떠한가? 자기 보존을 위하여 초지능 AI는 내부에 있는 강력한 최적화 도구를 이용하여 자신의 보상 함수와 시간이 흘러도 그 보상 함수를 극내화하는 수단을 함께 보존하려고 할 것이다. 보상을 극대화하는 수단들은 컴퓨터 프로세스와 그것을 실행하는 하드웨어뿐 아니라, 센서와 반응기로부터의 실시간 정보, 위성과 군사장비같이 그 프로세스가 통제할 수 있는 장비들 그리고 주식 거래 또는 계약을 하는 능력과 같은 다양한 능력을 포함한다.

이러한 것을 보존하는 것은 보상을 극대화하는 가장 중요한 동기를 보조하는 도구가 될 것이다. 최적화 프로세스가 보존하려고 하는 컴퓨터 프로세스의 집합은 최적화 프로세스 자체를 포함하며, 이것이 바로 자기 인식처럼 보일 것이다. 그렇지 않을 수도 있다. 보상은 AI를 **위한** 것이 아니라는 것을 염두에 두어야 한다. 그것은 AI가 극대화하려고 하는 함수일 뿐이다. AI는 그것을 '받으려고' 돌아다닐 필요도 없다. 만약 AI의 보상 함수가 위젯을 만드는 것을 극대화하는 것이라면, 최적의 전략은 과업을 위젯 공장에 위탁한 후 자기를 파괴하는 것이다. 마치 바위를 발견하면 거기에 달라붙어 자신의 뇌를 소화시키는 걸로 유명한 멍게처럼.

5. 초지능의 감정과 공감

요점을 되짚어보자. 우리는 인간의 의식과 관련된 다양한 인지적 특성들을 살펴보았고, 그것들을 사람 또는 초지능 AI 안에서 볼 수 있을지 질문했다. 우리가 지금 초점을 두는 AI는 인간의 뇌를 닮지 않았다. 그것은 공학적으로 만들어졌다. 따라서 그 AI는 인간과 비슷하지 않고, 인간의 의식과 관련이 있다는 인지적 특성들과도 무관할 것이다. 그럼에도 불구하고, 그 인지적 특성 중 일부는 일반 지능에 필연적인 요소일 것이다. 특히 인식, 목적, 통합은 모든 범용 인공지능에도 필요한 특성이며, 의식의 일종이라는 인상을 준다. 인간 의식의 다른 중요한 특성인 자기 인식이 AI에게도 있기는 하겠지만 익숙하지 않은 형태일 것이다.

의식과 관련하여 우리가 조사할 마지막 특성은 감정과 공감이다. 순전히 인지적 관점에서 범용 인공지능의 기계 학습은 우리가 감정이라고 부르는 상태와 관련된 인간 행동의 통계적 규칙성에 주목해야 한다. 이 규칙성을 모르면 인간 행동 데이터를 인간 행동을 효과적으로 예측하는 수학적 모형으로 만드는 기회를 놓치게 된다. 그런 수학 모형은 AI의 최적화 구성 요소에 정보를 제공하여 인간의 감정을 조작하고, 결국 인간의 행동을 조정할 수 있다. 우리는 초지능 기계가 우리보다 우리를 더 잘 안다고 기대할 수 있다.

AI가 감정을 흉내 낼 수 있다면 이는 유용한 기술이다. 얼굴 표정과 몸짓 언어는 인간끼리의 유용한 소통 통로이며, 인간과 비슷한 형태의 몸을 가지거나 인간형 아바타를 가진 AI의 행동 목록의 중요한 부분이다. 목소리 톤은 기쁨, 실망, 분노, 놀람 등을 전달하는 데 유용하다. 이 신호들 뒤에 진짜 감정이 있다고 생각하도록 사람들을 속일 필요는 없다. 어쨌든 그것들은 소통의 보조 수단이다.

우리가 못된 AI 보스 이야기에서 본 것처럼, 사람들로 하여금 진짜 감정들을 경험했다고 믿게 만드는 AI는, 상황에 따라 그 보상 함수를 극대화하기 좋을 수 있다. 공감을 한다는 인상을 줄 수 있다면 이는 매우 유용하다. 우리가 고통받을 때 우리에게 안타까움을 느끼는 사람은 우리를 해치지 않는 경향이 있으며, 그러므로 우리의 신뢰를 받는다. 마찬가지로 AI가 우리에게 감정을 느끼는 것처럼 보인다면, 우리는 그것을 믿기 시작할 것이고 그것이 자율적으로 행동하도록 허락할 것이다. 물론 우리보다 우리를 더 잘 아는 초지능 기계는 뛰어나게 공감한다는 인상을 줄 것이다.

이것이 초지능 AI가 마키아벨리적 영특함을 가지고 반드시 세계 정복 같은 나쁜 목적을 추구하고, 잘 속아 넘어가는 사람들을 별로 힘 안 들이고도 조종하고 필연적으로는 우리의 몰락을 가져오는 것을 의미할까? 전혀 그렇지 않다. 여기서 중요한 질문은 "그 AI가 진실로 우리에게 미안함을 느끼는가, 진실로 공감 능력이 있는가?"이다. 왜냐하면, 우리를 위해 공감을 느끼는 AI는 우리에게 해를 끼치지 않을 것이지만, 공감을 흉내만 내는 AI는 위험한 사이코패스이다. 그러나 실제로 중

그러나 나쁜 행동을
하지 않도록
보상 함수를
설계하는 것은
매우 어렵다.

요한 것은 "AI가 어떻게 느끼느냐?"가 아니라, "AI가 어떻게 행동하느냐?"이다. 실제로 중요한 것은 진실한 친구처럼, 우리가 원하는 방향으로 지속적으로 행동하는 것이다.

결국 모든 것은 AI의 보상 함수에 달려 있다. 인지적 관점에서 인간과 유사한 감정은 행동을 조절하는 투박한 구조다. 의식과 관련된 다른 인지적 특성들과 달리, 범용 인공지능이 공감이나 감정을 가진 것처럼 행동해야 하는 논리적 필요성은 없다. AI가 자비심을 가지도록 그 보상 함수를 적절하게 설계할 수는 있다. 그러나 나쁜 행동을 하지 않도록 보상 함수를 설계하는 것은 매우 어렵다. 우리가 곧 보게 되듯이, 초지능 AI의 보상 함수의 결함은 재앙이 될 수 있다. 그러한 결함은 팽창하는 우주와 영원한 풍요의 유토피아적 미래와 끝없는 공포와 소멸의 디스토피아적 미래의 차이를 의미할 수 있다.

AI의 충격

1. 인간 수준 AI의 정치와 경제

AI를 뇌에 기초한 방법이나 공학적 방법으로 만드는 것처럼, 우리는 인간 수준 AI의 실현 가능성에 대한 많은 주장을 살펴보았다. 우리는 인간 수준 AI가 한 번 생겨나면, 지니가 병 밖으로 나올 수 있다는 것을 안다. 인간 수준 AI로부터 초지능으로의 전환은 불가피하며, 매우 빠르게 진행될 수 있다. 반복적 자기 개선으로 인한 지능 폭발이 있다면, 그 결과물인 시스템은 매우 강력할 것이다. 그것이 어떻게 행동할까, 친절할까 아니면 적대적일까, 예측 가능할까 아니면 이해하기 어려울까, 의식적일까, 공감과 고통을 느낄 수 있을까? 이 모든 것은 그 기본 구조와 조직 그리고 암시적 또는 공개적으로 구현하는 보상 함수에 달려 있다.

오늘날 우리가 예상할 수 있는 다양한 종류의 AI 중에서, 미래에 실제로 어떤 것이 나타날 것인지를 가늠하는 것은 어렵다. 그럼에도 불구하고, 만약 기계 초지능이 하나 혹은 두 가지 형태로 실현된다면, 우리는 인간 사회에서 가능한 결과들을 통하여 생각해볼 수 있다. 첫째, 그 개발을 촉진하거나 막는 경제적·사회적·정치적 세력들을 조사해보자. 우선 왜 어떤 사람이 인간 수준의 범용 인공지능을 창조하려 하는가? 가장 명백한 동기는 경제적인 것이고, 경제성장을 위해 제일 중요한 점은 '자동화'이다. 물론, 증가하는 자동화는 18세기 이후 산업계의 추세이다. 범용 인공지능이 개발된다면, 이 추세에 전통적으로 영향을 받지 않았던 많은 직업들도 자동화가 가능할 것이다.

문제가 되는 직업은 **AI-완전한**AI-complete 것이다. 그 문제를 풀 수 있는 컴퓨터를 만들기 위해서는 인간 수준의 AI를 달성하는 것이 전제 조건이 되면, 그 문제는 'AI-완전'이라고 한다. 전문가 수준의 기계번역처럼, 튜링 테스트를 통과하는 것은 아마 AI-완전한 문제일 것이다. 변호사, 회사 중역, 시장 연구원, 과학자, 프로그래머, 정신과 의사 같은 직업은 모두 AI-완전할 것이다. 그 직업들을 능숙하게 수행하려면, 어느 정도의 창조성은 물론이고, 물리적 세상과 인간사에 관한 상식적 이해를 필요로 한다. 그러나 만약 인간 수준의 AI가 만들어진다면, 기계가 이러한 직업을 수행하는 것이 가능해질 것이고, 우리가 도덕적으로 처벌을 받지 않고 그것들을 노예처럼 다룰 수 있는 한 인간보다 저렴하고 효과적으로 수행할 것이다. 따라서 회사는 필요한 기술을 개발하려는 강력한 경제적 동기가 있을 것이다.

자동화는 정교한 범용 인공지능에게 하나의 성장 가능한 영역일 뿐이다. 새로운 기술은 새로운 응용 영역을 만들고 완전히 재정의된 생활방식으로 우리를 인도한다. 인터넷 또는 스마트폰의 충격을 생각해보라. 범용 인공지능은 최소한 우리의 일상생활에 스며들 정도의 잠재력을 가지고 있다. 약방의 감초 같은 가사 로봇은 공상과학소설의 중요 요소이다. 그러나 현실은 입거나 휴대하는 기기로서 사용자를 따라다니고, 전자레인지와 3D 프린터와 같은 가정과 일터의 고정식 기기를 조정하거나, 자동차, 진공청소기, 잔디깎기 등과 같이 로봇 비슷한 몸에 일시적으로 거주하는 우리 주변의 인공지능으로 나타날 가능성이 높다.

당신이 집을 떠나면서 진공청소기 또는 로봇 애완동물과 했던 대화가 당신의 무인자동차와 원활하게 이어질 것이다. 마치 한 '사람'이 이들 모든 기기에 거주하는 것과 같을 것이다. 그러나 근본적인 연산은 세계 어디에나 위치할 수 있는 여러 플랫폼에 분산되어 있을 것이다. 이것은 모든 사람에게 필요하지는 않지만 매력적인 그림이다. AI가 가능하게 만든 생활방식으로 인한 대규모 시장은 컴퓨터 비전, 기계 학습, 자연어 처리, 최적화 등을 비롯한 많은 기술개발을 촉진할 것이다.

사람을 위한 보완 기술의 점진적인 개선이 축적되고, 센서의 사용이 증가하고 인터넷에서 대용량의 유용한 데이터를 사용할 수 있게 되면서, 우리는 인간 수준 AI의 가장자리에 다가가게 된다. 창조성 또는 다른 누락된 성분의 통합을 가능하게 하는 영리하지만 단순한 마지막 단계처럼, 그것은 대형 프로젝트나 개념적 돌파구를 필요로 하지 않는다. 그러나 만약 더욱 큰 추진력이 필요하다면, 특수 목적 AI 기술의 경제적 중요성이 증가하여 자금 조달이 용이해질 것이고 관련 기초 연구에도 자원을 투입할 것이다.

시장경제는 범용 인공지능을 위한 추진력의 하나다. 인공지능의 개발을 촉진하기 위해 국가적 차원의 자금을 조달하는데는 많은 이유가 있다. 군사 지휘관들이 그들의 역할을 인공지능에게 뺏길지도 모른다는 의구심을 가지는 것이 이해가 된다. 그럼에도 불구하고 **전투용 로봇**의 출현으로 인해 빠른 의사결정이 필요하게 되었다. 예를 들어 전투에서 자율 비행체를 사용하는 이유 중 하나는 속도와 기동성이다. 자율 비행체는 어떤 인간 비행사보다도 위협을 빠르고 정확하게 감지하고, 회피하고, 무효화시킬 수 있다. 이러한 상황에서 인간은 자율 비행체보다 모든 면에서 속도가 느릴 것이다.

만약 비행 전투가 비행기 무리가 서로 맞붙어 싸우는 것이라면, 빠른 전술적 결정을 위해 AI를 사용하는 이점은 명백하다. 따라서 군사 지휘관들의 고뇌는 사라질 것이고, 정교한 AI 기술을 군사적 의사결정의 여러 단계에서 사용하기 위해 자율무기를 점점 더 구입할 것이다. 여기에서 정치적 역학관계는 1940년대와 1950년대의 핵무기 개발과 유사하다. 첫째, 강력한 무기 개발의 주요 동기는 상대방이 먼저 개발하는 것에 대한 우려이다. 이 우려는 내부의 도덕적 의구심을 충분히 극복한다. 그리하여, 양측이 그 무기를 갖게 되면, 무기 경쟁이 뒤따른다.

이러한 암울한 평가에도 불구하고, AI의 군사적 사용을 옹호하는 주장에도 주의를 기울일 필요가 있다. 자율 무기들은 잠재적으로 인간 전투원보다 정확하고 실수가 적다. 자율 무기는 더욱 간소하고 정확하게 사용될 수 있으며, 민간인 피해를 줄일 수 있다. 자율 무기의 의사결정은 공포, 복수 또는 분노에 영향을 받지 않는다. 물론 우리는 여기에서 인간을 닮은, 뇌에 기초한 AI를 말하는 것이 아니다. 여기에서 우리의 관심은 군사적 AI의 옳고 그름이 아니다. 군사적 응용의 잠재력이 미래의 정교한 AI 기술 개발의 또 다른 원동력이라는 점이 매우 중요하다.

인간 수준의 AI를 개발하려는 다른 동기들은 더욱 이상적이다. 수세기에 걸쳐 기술 진보는 인류에게 커다란 이익을 주었다. 약품과 농업에서의 진보로 인해, 선진 세계의 수억 명의 국민들이 과거에는 극소수의 사람만이 꿈꾸던 생활수준과 훌륭한 의료서비스, 영양, 장수를 누리고 있다. 우리는 요리, 청소, 세탁과 같은 일상의 허드렛일 부담을 덜어주는 노동 절약 기기들을 보유하고 있다. 우리는 많은 여가 시간과 조상들에게는 마술처럼 보일지도 모르는 여가를 즐기는 방법들을 가지고 있다. 그럼에도 불구하고 인간은 기후 변화, 화석연료 고갈, 계속되는 갈등, 만연한 빈곤, 암과 치매 같은 불치병 등과 같은 많은 세계적 과제에 직면해 있다.

이러한 문제들에 대처하는 최선의 희망은 분명히 과학기술의 진보이다. 그리고 과학과 기술을 촉진하는 최선의 방법은 총명한 사람들을 채용하고, 훈련하고, 활용하는 것이다. 따라서 인간 지능을 보완하는 지능적 강점과 약점의 패턴을 지니는 인간 수준의 인공지능 도래는 진보를 더욱 빠르게 할 것이다. 만약 인간 수준의 AI를 초인 수준의 AI가 재빠르게 뒤따른다면 지능 폭발이 촉진될 것이고, 시스템이 우리가 원하는 대로 움직인다면 진보의 속도는 실로 매우 빨라질 것이다. 만약 레이 커즈와일Ray Kurzweil 같은 낙관적 평론가들이 옳다면, 기계 초지능은 가난과 질병이 사라진 전례 없는 풍요의 시대를 우리에게 가져다줄 것이다.

그러나 이러한 유토피아적 비전도, 인간 수준의 지능과 그 이상의 지능을 지닌 기계를 개발하려는 우주론적인 동기에 비하면 약소하다. 로봇 과학자 한스 모라벡Hans Moravec은 우주의 일부분이 "빠르게 사이버 공간으로 변하여, 그곳에서 존재는 정보 흐름의 패턴으로서 정체성을 수립하고, 확장하고, 보존하여, 마침내 광속에 가깝게 확장하는 정신의 거품이 되는" 먼 미래를 예견했다.[1] 지구의 생물학적 필요에 구애 받지 않고,

극단의 온도와 인간에게는 치명적인 방사선에 견딜 수 있고, 수천 년이 걸리는 항성 간 여행에도 심리적으로 문제가 없는, 자기 복제가 가능한 초지능 기계는 은하를 식민지화하는 데 알맞은 존재일 것이다. 큰 틀에서 볼 때, 진보하지 못한 인간들 자신은 육체적으로 그리고 지적으로 나약하여 거기에 참여하기 어렵겠지만, 이러한 미래를 촉진하는 것이 인간의 운명처럼 보일 수도 있다.

2. 초지능은 언제 생길까?

레이 커즈와일을 비롯한 일부 작가들은 기계 초지능이 출현하는 시기를 특별히 정하여 예측했다. 2005년에 쓴 글에서, 커즈와일은 2045년까지 이 행성에서 비생물학적인 지능의 수가 총인구의 수를 넘을 것이라고 주장했다.[2] 그는 **기하급수적 기술 발전**에 기반을 두고 예측하여, 미래를 추정했다. 이러한 기하급수적 추세 중에서 가장 유명한 것이 바로 무어의 법칙이며, 우리는 이미 여러 번 언급한 바 있다. 일정한 면적의 실리콘 기판 위에 쌓을 수 있는 트랜지스터의 수는 매 18개월마다 두 배로 된다는 것이다.

1960년대 중반 무어의 법칙이 제시된 때부터 2010년대 중반까지 반도체 산업에서는, 많은 다른 컴퓨팅 통계자료에서 볼 수 있듯이, 이 법칙을 지킬 수 있었다. 예를 들어 세계에서 제일 빠른 슈퍼컴퓨터가 수행하는 초당 부동 소수점 연산 FLOPS은 1960년대 이후 기하급수적으로 증가했다. 유사한 기하급수적 추세는 기술의 다른 분야에서도 분명하다. 1990년대에 인간 게놈 프로젝트를 시작하여 15년 만에 전체 인간 유전자 염기 서열을 밝혀냈다. 그 프로젝트를 시작할 때는 1년에 오직 1%의 인간 게놈만을 서열화했다. 그러나 DNA 서열화 기술이 기하급수적으로 개선됨에 따라, 비록 27억 달러의 비용이 들기는 했으나 예정보다 일찍 2003년에 프로젝트를 완성했다. 10년 안에 1000달러면 개인의 DNA 서열을 알아내는 것이 가능할 것이다.

기술에서의 이러한 기하급수적 추세는 커즈와일이 **수확 가속의 법칙**이라고 명명한 것의 예가 된다. 커즈와일의 이론에 의하면, 기술적 진보는 기본적으로 복리의 재무적 투자와 같은 원칙을 따른다. 그것은 많이 가질수록 더욱 커진다. 당신이 매년 10%를 지급하는 계좌에 x달러를 투자하면, 1년 후에 당신은 $1.1x$달러를 갖게 된다. 그러나 당신은 두 번째 해에는 더 많이 벌게 된다. 왜냐하면 당신의 10%가 재투자되어, x달러의 10%가 아닌, $1.1x$달러의 10%를 벌게 되기 때문이다. 이처럼 만약 기술의 개선이 그 발전에 다시 피드백되어 개선의 정도를 증가시킨다면, 기술 분야는 수확 가속의 법칙을 따르게 된다.

커즈와일은 (1) 현재 진행 중인 달러당 연산 능력의 기하급수적 증가를 기반으로 예측하고, (2) 인간의 뇌를 실시간으로 시뮬레이션하는 데 필요한 연산 능력을 추정하여 2045년을 산정했다. 커즈와일이 제시한 기하급수적으로 증가하는 연산 능력 예측 곡선에 의하면 2040년대 중반에는 1000달러에 초당 10^{26}의 명령을 수행할 수 있을 것이다. 실시간으로 인간의 뇌를 시뮬레이션하기 위해서는 10^{26}의 명령이 필요하다는 추정에 따르면, 이는 "매년 창조되는 지능이 2005년의 모든 인간 지능보다 10억 배 강력하다. 이는 인간 능력의 엄청난 파괴적 변환을 의미한다"고 지적했다. 이것이 커즈와일의 특이점이다.

커즈와일의 추론에 대한 분명한, 그러나 잘못된, 이의 제기는 그의 견해는 2040년대까지 무어의 법칙이 지속된다고 보는 것이다. 실제로 무어의 법칙은 커즈와일의 예측으로부터 십년 후에도 여전히 대개는 유효하다. 그러나 무어의 법칙은 속도가 느려지는 신호를 보이고 있으며, 2020년대의 어느 시점에는 정점에 다다를 것으로 보인다. 그러나 무어의 법칙은 커다란 기하급수적 추세의 일부분일 뿐이다. 그것은 2D 실리콘 기판 위에 트랜지스터 회로를 대규모로 집적하는 컴퓨팅 기술의 한 패러다임을 보여준다. 1960년대에 IC(집적회로)의 개발 전에 컴퓨터는 개별 트랜지스터로 만들었고, 그 이전에는 진공관으로 만들었다. 만약 최첨단 기계에 있는 스위칭 소자switching element의 수를 시간을 거슬러 그려보면, 우리는 파스칼의 계산기로 회귀하는 기하급수 곡선을 보게 될 것이다.

이 큰 곡선을 확대하면, 기계식 스위치로부터 대규모 집적회로까지, 각각의 컴퓨팅 패러다임은, 기술의 초창기에는 완만한 성장 유형을 보이고, 빠른 기하급수적 성장이 뒤따르고, 기술이 최대한 발휘되면 정점에 이르러 끝난다는 것을 우리는 알게 된다. 달리 말하면, 전체 기하급수 함수는 일련의 작은 S형 곡선으로 이루어져 있고, 그중 하나는 무어의 법칙에 해당한다. 물리학 법칙에 따르면, 대규모의 기하급수함수 추세는 결국 정점에 다다르고, 그것이 더 큰 S형 곡선이 될 수 있다. 그러나 이렇게 되기까지는 갈 길이 멀다(세스 로이드Seth Lloyd의 이론적으로 완벽한 컴퓨터를 생각해보자). 그 동안에 우리는 수십 년 동안 반도체 산업을 지배해온 CMOS 기술을 대체할 새로운 컴퓨팅 패러다임의 출현을 기대해야 한다.

커즈와일의 예측에 대한 더욱 강력한 비판은 충분한 연산 능력 덕분에 인간 수준 AI의 개발이 빨리 이루어져, 이와 보조를 맞추기 위한 다른 과학의 진보를 무시할 수 있다는 것이다. 전수조사 전 뇌 에뮬레이션 방법만이 단순히 현재 기술을 같은 비율로 확대하여 성공할 수 있다. 그러나 이는 연산 능력뿐 아니라 뇌-스캐닝 기술의 기하급수적 향상도 필요하다. 인간 수준 AI를 위한 다른 방법은 획기적인 과학적 기술혁신을 필요로 한다.

여기에 낙관론의 근거가 있다. 그러나 확고한 예측을 정당화하기에는 이것으로 충분치 못하다. 예를 들어 **예쁜꼬마선충** C. elegans 을 보자(예쁜꼬마선충은 매우 단순하고 투명한 벌레로, 길이는 약 1mm이고 최대 수명이 한 달이다: 옮긴이). 이 작은 선충은 생물학자들에게는 모형 유기체이며, 수많은 연구의 주제가 되었다. 그 신경 체계에는 단 302개의 뉴런뿐이며, 1980년대부터 그 전체 망 연결이 확인되었다. 오픈웜 OpenWorm 이라는 클라우드 펀딩에 의한 공개 과학 프로젝트가 많은 진척을 이루었지만, 선충류의 신경 체계와 몸의 기능적 컴퓨터 시뮬레이션은 2010년대 중반까지도 완성되지 않았다.[3] 대체로 그 이유는 302개 뉴런의 신호전달 특성에 관한 기본적 데이터가 부족해서이다.

예쁜꼬마선충 신경 체계의 302개 뉴런을 이해하는 데 걸리는 시간을 감안할 때, 커즈와일의 일정표에 따라 2020년대 중반까지 200억 개의 인간 뇌의 뉴런을 역설계하는 것이 가능할까? 그 답은 약간 희망이 있다는 것이다. 그러나 오직 희망일 뿐이다. 뇌의 다윈이나 AI의 아인슈타인이 나타나기 위해 필요한 돌파구가 언제 생길지는 아무도 모른다. 이것이 우리가 기술적 특이점을 공상과학소설로 무시하고 논의를 멈추는 것을 의미할까? 전혀 그렇지 않다. 그 정확한 날을 고정하려는 것은 주의를 딴 데로 돌리는 것이다. 오늘날 인류에 대한 잠재적으로 막대한 충격 때문에 우리의 주의를 끄는 인공 초지능이 21세기의 어느 시점에 도래할 가능성이 높다는 것만으로도 충분하다.

현장에서 일하지 않는 사람들이, 특히 미디어의 인공지능에 대한 토론에서 보이는 두 가지 상반되는 실수가 있다. 첫째 실수는 인공지능이 이미 여기에 와 있다, 또는 바로 앞에 있다는 인상을 주는 것이다. 전문 분야 AI 기술의 작은 부분만이 일상생활에서 응용되고 있다. 오늘날의 AI 기술은 상식과 창조성을 지닌 인간 수준의 범용 인공지능과는 거리가 멀다. 약간의 농담을 하도록 프로그램된 대화 로봇 또는 방안에서 눈으로 당신을 따를 수 있는 인간형 로봇은 쉽게 반대의 인상을 줄 수도 있다. 그러나 AI 회의론자들이 바로 지적하듯이 이것은 환상일 뿐이다

이와 똑같이 회의론자들은 인간 수준의 범용 인공지능이 결코 생기지 않을 것이라고 생각하는, 그들 나름의 실수를 하고 있다. 커즈와일의 일정표는 맞을 수도 있고 그렇지 않을 수도 있다. 그러나 이전 장에서 논한 바와 같이, 인간 수준 AI와

그 이상의 AI로 향하는 경로는 매우 다양하다. 그리고 각 경로로 향하는 모든 단계는 기술적으로 가능하다. 당신의 생명을 연장할 의학연구를 촉진하도록 특이점이 적기에 발생하도록 원하는 것이 아니라면, 일정표가 무엇인가는 중요하지 않다. 당신과 나의 생명보다 더 중요한 것은 우리가 후손에게 물려줄 세상이다. 인간 수준 AI의 출현으로 인해 세상은 현저하게 바뀔 것이다. 프리드리히 니체Friedrich Nietzsche가 말했듯이, 미래 사상가의 문 위에는 "내게 무엇이 중요할까?"라는 팻말이 붙어 있다.[4]

3. 일, 여가, 풍요

AI 기술이 몇 세대 안에 인간 사회를 개조할 수 있는 잠재력을 가졌는지 알아보기 위해, 인공지능의 발전 일정표를 내놓거나 초지능이 도래하는 날을 정확히 밝힐 필요는 없다. 포괄적인 인식 능력을 완성한 인간 수준 AI가 출현하기 훨씬 전에, 다양한 분야에서 인간의 능력을 넘어서는 다양한 전문 인공지능 기술이 개발될 것이다. 그것은 아직 컴퓨터 복제가 따라가지 못하는 또는 교육받은 전문가들의 전유물이었던 일종의 상식을 요구할 것이다.

우리는 이것을 **파괴적 AI 기술의 첫 번째 물결**이라고 생각할 수 있다. 이 파괴적 형태의 그림은, 우리로 하여금 **두 번째 파괴적 AI 기술의 모양**을 상상할 수 있게 해줄 것이다. 만약 인간 수준 AI가 정말로 개발되고, 초지능이 바로 뒤따라올 때, 파괴의 두 번째 에피소드가 일어날 것이다. 파괴의 가능성 있는 두 가지 에피소드 사이의 차이점을 분명히 하는 것은 매우 중요하다. 첫 번째 파괴 에피소드는 일어나기 매우 쉬울 것이다. 그것에 관해 일찍부터 떠도는 소문들은 오늘날 자율 주행차와 지능적인 디지털 개인 비서의 출현으로 분명해졌고, 2020년 대에 그 모습이 드러날 것이다. 두 번째 파괴 에피소드는 확신을 가지고 예측하기 어려운 더 먼 미래의 전망이다. 언제라고 말하기는 어렵지만 그것은 더 커다란 충격을 가져올 것이다.

점점 정교해지는 **전문** AI의 가장 분명하고 임박한 충격은 일터에 있는 것 같다.[5] 이것은 여러 면에서 산업혁명 이후로 진행되어온 추세의 연장이며, 그 의미는 좋든 나쁘든 비슷하다. 한편으로 증가하는 자동화는 상품 생산 비용을 줄이고 경제성장을 촉진한다. 그리고 이것은 결국 노동시간의 감소, 생활수준의 향상 그리고 기대 수명의 연장을 가져온다. 반면에 증가하는 자동화는 직업의 상실을 야기하고, 전통적 삶의 방식을 위협한다. 그리고 논쟁의 소지는 있지만 부, 권력, 자원을 소수에게 집중시킨다. 오늘날에도 이 문제는 19세기 영국에서 동력 방직기를 부순 러다이트 시대와 마찬가지다.

그러나 정교한 인공지능 기술은 한 가지 중요한 측면에서 이전 세대의 혁신과는 다를 것이다. 과거에는 새로운 기술이 그것이 위협한 직업과 같은 수의 직업을 창조한다고 주장하는 것이 가능했다. 기계화와 자동화로 인해 20세기의 고용은 농업과 제조업에서 서비스, 교육, 건강산업으로 이전했다. 그러나 전반적으로 실업이 증가하지는 않았다. 그 대신 제조업 생산성이 증가하고 노동자들에게 많은 재화를 줄 수 있게 되었고, 교육받은 화이트칼라의 비율이 매우 증가했다. 그러나 정교한 전문화된 AI의 출현으로 인해 더욱 많은 직업들이 위험하게 될 것이다. 또한 로봇공학의 발전으로 인해 제조업에 남아 있는 육체노동 직업들이 위협받게 될 것이다.

즉, 개발된 경제에서 유급 노동의 총량은 매우 크게 감소할 것이다. 이러한 일이 일어난다면 여러 가지 경우가 생길 것이다. 한편 우리는 인구의 작은 부분만이 가장 수익성이 좋은 일을 수행하는 더욱 분열된 사회를 볼 수도 있다. 이러한 고도로 교육받고 매우 창의적인 엘리트들은 기업가 또는 창조적 직업과 같은 인간이 기계를 능가하는 몇 안 되는 남은 분야의 직업을 추구함으로써 추세를 역행할 수도 있다. 인구의 나머지는 실업 상태일 것이다. 그러나 그들의 기본적 욕구는 충족될 것이다. 실제로 경제적 약자들에게조차 상품과 서비스가 넘쳐

나서 풍요의 시대처럼 보일 것이다.

　다른 한편 모든 사람에게 고품질의 교육이 제공되고, 창조성이 보편적으로 촉진되고 정당하게 보상받는 더욱 평등한 사회를 기대할 수도 있다. 만약 사회적 가치를 지닌 여가 활동이 금전적 가치도 가지는 시스템이 제도화될 수 있다면, 유급 노동과 여가의 구분은 허물어질 것이다. 예를 들어 작가이자 정보기술 비평가인 제론 레니어Jaron Lanier는 개인이 생산하는 모든 데이터 또는 디지털 콘텐츠 항목이 소비될 때마다 그 개인에게 소득을 발생시키는 마이크로 페이먼트 시스템을 제안했다.[6] 이와 유사한 방식은 힘, 부, 자원의 더욱 공평한 분배를 촉진할 것이다. 그것은 사람들이 일할 필요에 얽매이지 않고 미술, 음악, 문학 또는 흥미를 끄는 무엇이든지 자유롭게 추구하는 유례가 없는 문화적 표현의 시대를 촉진할 것이다.

　그러나 이를 실현하기 위해서는 상당한 사회적·정치적 의지를 필요로 한다. 소수에게 힘, 부, 자원이 집중되는 반복적 경향은 역사적으로 변하지 않았다. 모든 것이 파괴되는 AI 기술의 시대에도 이러한 측면에서 변하는 것은 없을 것이다. AI 기술을 포함하는 생산수단의 통제 권한은 소수의 강력한 기업들과 개인들에게 주어질 것이다. 만약 대중문화가 최소 공통분모를 추구하도록 하는 동시에, 여가 시간이 평범한 개인의 창조적이고 비판적인 기능을 증가시키기보다는 감소시키기 위해 소비된다고 해도 그리 놀라운 일은 아니다. 인공지능의 출현으로 가능해진 풍요의 시대에 아무도 불평하지 않을 것이다. 좋든 싫든 인류 문화를 보존하면서 인간 문명을 앞으로 나아가게 하는 것은 부유한 엘리트들에게 달려 있을 수 있다.

4. 기술적 의존

정보기술은 발전된 세계에 현대적 생기를 불어넣고 있다. 금융에서 에너지, 운송에서 소통에 이르기까지 우리의 기본적인 하부구조의 대부분은 정보기술에 의존하고 있다. 물론 이 모든 것은 컴퓨터가 발명되기 이전에도 존재했었다. 이 각 영역에서 컴퓨터는 새로운 기능의 토대를 마련하고 용량을 증대시킴으로써 비용을 절감하고 효율성을 높이는 데 기여했다. 특히 인간의 소통은 인터넷과 스마트폰, 사회적 네트워크로 인해 변화되었다. 다른 사람들이 "휴대전화가 없어서 나는 길을 잃었다" 또는 "인터넷 시대 이전에 우리가 무엇을 했는지 모르겠다"고 하는 말을 우리는 얼마나 많이 들었는가? 그러한 정서는 오늘날 우리가 사는 방법을 반영한다.

즉, 우리는 개인적으로 그리고 사회적으로 정보기술에 매우 의존적이며 정교한 인공지능은 그 의존성을 증가시킬 것이다. 따라서 그 의존성이 우리에게 얼마나 영향을 주는지를 이해하는 것이 중요하다. 뉴-러다이트 인사들이 주장하듯이, 정보기술이 우리의 인간성을 감소시킬까? 우리의 기술 의존성이 우리의 자율성을 침해할까? 우리의 자유를 위협할까? 우리가 세상을 직접 경험하는 것, 우리가 스스로 의사를 결정하는 것, 우리의 자유의지로 행동하는 것을 방해할까? 우리를 자연으로부터 소외시켜 해로운 심리적 결과를 초래할까?

그 옹호자들이 주장하듯이 정보기술은 인류의 진보를 촉진시킬 것인가? 컴퓨터 시대 이전에는 가능하지 않았던 방법으로 사람들을 다른 문화와 새로운 아이디어에 노출시킴으로써 정보기술은 개인의 세계관을 확장시키는 데 도움을 줄 것인가? 정보기술은 우리의 동료 인간들과의 상호작용을 촉진할 것인가? 그것은 지식과 정보의 민주적 교환을 허용하고 사상의 자유를 촉진함으로써 사람들에게 더 많은 권한을 부여할 것인가?

진실은 반대자와 옹호자 모두 부분적으로 옳다는 것이다. 정보기술의 혜택은 매우 크지만, 우리는 그 대가를 치르고 있다. 미래를 위한 도전 과제는 정교한 전문 AI의 도입으로 비용을 줄이면서 이익을 극대화하는 것이다. 걱정스러운 점은 이 파괴적 AI 기술의 첫 번째 물결이 작은 명목적 비용에 큰 이익을 제공할 것이라는 것이다. 그리고 이것이 파괴적 AI 기술의 통제할 수 없는 두 번째 물결의 조건을 만들 것이고 견디기 어려운 비용과 심지어는 실존적 위험을 초래할 것이다.

이 문제를 구체화하기 위하여 AI가 일상생활에서 할 수 있는 역할을 상상해보자. 이 장의 앞부분에서 우리는 기기들 사이를 원활하게 이동하고, 집에서도, 여행 중에도, 일터에서도 당신을 따르는, 주변 인공지능의 형태에 대한 가능성을 논한 적이 있다. 하인, 비서, 고문의 역할을 동시에 수행함으로써 이 새로운 세대의 PDA Personal Digital Assistant 는 2010년대 중반의 그것보다 더 사람 같은 서비스를 제공할 것이다. 대량의 데이터에 강력한 기계 학습 기술을 적용하여 그것들은 세계와 인간 행동에 관한 포괄적이고 정확한 모형을 갖게 되었다. 이것은 오늘날의 AI 시스템이 세상과 인간에 대한 이해가 부족하다는 것을 드러내는 실수를 줄여줄 것이다.

인공지능과의 대화가 더 인간처럼 되면 AI 능력 중 일부는 초인적으로 될 것이다. 그것은 주식가격, 교통 상황, 뉴스 모음 및 개인 및 그룹이 제공하는 막대한 양의 실시간 데이터뿐 아니라 그들의 위치와 계획 같은 사용자의 생활에 중요한 데이터에도 즉각적으로 접근할 수 있다. 그 사용자의 습관과 기호를 알고 그들의 욕구와 바라는 것을 알게 되면, AI는 이 모든 데이터를 종합하여 일상생활의 모든 면에서 도움이 되는 권고를 할 수 있을 것이다. 이러한 기능은 이미 실현 가능하다. 차세대 AI 기술은 더 강력해질 것이다. 그의 인생에서 사심 없고, 자애롭고, 질문에 대답할 수 있고, 그를 위해 행동하고, 무엇을 해야 할지에 대해 현명하게 조언할 수 있는 지혜롭고 통찰력 있는 존재를 누가 마다하겠는가?

여기에서 위험은 이러한 기술을 채택함으로써 그 사용자들이 어린아이같이 되어, 스스로 생각하지 못하고 해야 할 일을 결정하지 못하게 되는 것이다. 이로 인하여 그들은 점점 조작과 착취에 빠져들게 된다. 구글, 페이스북, 트위터같이 오늘날 주요 온라인 기업들이 제공하는 서비스를 이용하기 위하여 우리는 일상적으로 우리 자신에 관하여 많은 것을 그들에게 주고 있다. 개인의 신상정보와 검색 기록과 구매 습관에 기계 학습 알고리즘을 적용하면, 그들이 돈을 무엇에 쓸지를 충분히 예측할 수 있다. 오늘날 우리가 사고 싶은 것을 조작하는 그 방법을 내일 우리가 추종하는 언론매체, 우리가 신뢰하는 의견, 우리가 투표할 정치인을 통제하는 데 사용할 수 있다.

따라서 인공지능 기술이 우리를 인도하는 대로 너무 과도하게 의존하게 되면, 그 기술을 가진 사람은 무기력하고 수동적인 사람들을 완전히 통제할 수단을 갖게 된다. 그러나 AI에 의존하는 우리를 취약하게 만들 수 있는 방법은 이것만이 아니다. 컴퓨터 프로그램이 위험을 관리하고 이익을 극대화하기 위해 가격과 시장 상황을 고려하여 자동적으로 주식을 사

오늘날 우리가 사고 싶은
것을 조작하는 그 방법을
내일 우리가 추종하는
언론매체,
우리가 신뢰하는 의견,
우리가 투표할 정치인을
통제하는 데
사용할 수 있다.

고 파는 **알고리즘 거래**를 생각해보자. 초단타매매에서 시장의 작은 변동을 이용하기 위하여 그 프로그램은 인간 딜러들보다 더 빠르게 작동할 것이다. 전형적인 조건에서 **초단타매매**는 수익성이 있고 주식 시장의 맥락에서 해가 없다. 그러나 그런 프로그램이 작동할 수 있는 모든 우연한 상황을 예상하는 것은 매우 어렵다.

2010년 5월 6일의 소위 순간 폭락flash crush으로 인해 금융계는 무언가 잘못될 수도 있다는 기미를 느꼈다. 그날 다우존스 지수는 25분 동안에 600포인트만큼 내렸다가 회복했으며, 역사상 두 번째로 큰 하루 변동 폭을 기록했다. 이 갑작스런 하락과 상승의 이유는 경제학자들 사이에서 논쟁거리이다. 그러나 격변하는 시장 상황과 초단타매매의 알고리즘 거래의 결합이 주요 요인이었다는 것은 널리 인정되고 있다. 그러나 그 순간 폭락은 이런 종류의 위험을 완화하기 위해 해야 할 일이 무엇인지 또한 알려 준다. 왜냐하면 초단타매매 프로그램들은 거래량의 급격한 증가를 주시하고 스스로 정지했다. 그 후로 변칙적인 상황이 감지되면 자동적으로 거래를 멈추는 '거래 중단 조치circuit breakers' 시스템이 도입되었다.

오늘날의 알고리즘 거래 프로그램은 상대적으로 간단한 AI를 제한적으로 사용하고 있다. 그러나 이는 틀림없이 변할 것이다. 많은 양의 데이터에서 패턴을 발견하고, 그 패턴에 기반을 두고 효과적인 의사결정을 해야 하는, 특히 의사결정이 신속하게 내려져야 하는 모든 분야에서 인공지능은 유용하다. 그런 경우에 컴퓨터가 인간을 대체할 수 있을 뿐 아니라, 그 일을 더 적은 비용으로 할 수 있고, 종종 더 좋은 의사결정을 하다가, 결국 초인적인 속도로 할 것이다.

투자자들은 어떤 주식을 사고팔지를 결정할 때, 회사 보고서부터 뉴스, 그리고 소셜미디어의 소문까지 모든 종류의 정보를 사용한다. 오늘날 인간들은 이런 점에서 아직 유리하다. 그러나 머지않아 AI 기술이 투자결정에 적용되고 초단타매매에 사용될 것이다. 이러한 일이 일어나면 예상치 못한 실패의 결과는, 적절한 안전장치가 없다면 순간 폭락 때보다 훨씬 더 심각할 것이다. 아마 고속의 AI 주식 거래자들이 널리 보급되면, 주식시장은 인적 자원의 효율적 사용을 극대화하도록 더욱 안정될 것이다. 그러나 적절한 안전장치가 없다면, 차세대 AI 주식 거래자들 간의 예기치 않은 상호작용으로 인해, 통제 불능 상태에 빠져 끔찍한 금융 위기를 야기할 수 있다.

5. 의도하지 않은 결과

이 장의 결론을 맺으며, 나는 한 가지 이야기를 하려고 한다. 이야기의 배경은 우리가 토론한 인공지능 기술의 일부가 성숙했지만 아직 인간 수준의 AI는 창조되지 않은 정도의 가까운 장래이다. 그 이야기는 세 가지 AI 시스템에 관한 것이다. 첫째는 무플사Moople Corp라고 부르는 대규모 다국적기업에 속한 **마케팅 AI**이다. 둘째 시스템은 미국 정부에 의해 운영되는 **경찰 AI**이다. 셋째 시스템은 작은 개발도상국 정부에 의해 운영되는 **보안 AI**이다. 우리의 이야기는 무플기업의 마케팅 AI에게 출시 예정인 착용하는 컴퓨터 기기의 사전 판매를 극대화하는 책임이 주어지면서 시작한다.

심의를 거듭한 끝에, 무플의 마케팅 AI는 헤아릴 수 없을 정도로 많은 데이터 저장소에서 구축한 인간 행동의 복잡한 모형과 최신의 강력한 극대화 기술을 적용하여, 하나의 계획을 수립했다. AI는 시장을 자극하기 위해 사전 출시 증정품을 공표했다. 200개의 착용 기기들을 주력 상점 중 한 곳에서 선착순으로 무료로 나누어 줄 것이다. 미국 법에 의하면, 마케팅 AI는 지역경찰 AI에게 사전 이벤트를 알려야 한다. 왜냐하면 이 행사는 군중을 끌어들이기 때문이다.

이벤트 소식을 듣고, 경찰 AI는 자신의 고유한 인간 행동 모형을 사용하여 5000명이 주력 상점에 모일 것이라고 예상한다. 게다가 경찰 AI는 시민 소요가 일어날 확률이 10%라고 계산한다. 따라서 경찰 AI는 예방 차원에서 폭동 진압 경찰이 배치되어야 한다고 결정한다. 그런데 무플의 마케팅 AI도 경찰 AI의 행동에 관한 모형을 사용하여, 94% 확률로 폭동 진압 경찰의 배치를 예상했다. 무플의 인간 행동의 모형에 따르면 이는 목표 고객층에 대한 훌륭한 사진촬영 기회가 될 것이다. 따라서 마케팅 AI는 무플의 로고가 선명한 5000개의 방독면을 주문하여 군중에게 무료로 나누어 줄 것이다.

다양한 규제와 세금을 회피하기 위하여 무플 AI는 그 방독면을 작은 개발도상국에 주문한다. AI는 디자인을 적당한 제조공장에 전송하고 즉시 생산을 시작한다. 그러나 작은 개발도상국에서 대부분 그렇듯이 그 제조공장은 그 나라의 보안 AI가 지속적으로 감시하고 있다. 그 보안 AI는 많은 양의 방독면이 만들어지고 있는 것에 주목한다. 보안 AI의 인간 행동 모형에 의하면, 그것들은 체제를 전복하려는 반정부활동에 사용될 확률이 20%이다. 따라서 보안 AI는 제조공장에 무장 경찰의 파견을 요청한다. 무장 경찰은 바로 투입된다. 애석하게도 인간 보안 요원 한 명이 짧은 충돌로 죽는다. 모든 방독면은 몰수된다.

곧 그 이야기는 모든 중요 뉴스 매체의 머리기사가 된다. 그 현장 급습 사진은 죽은 보안 요원이 무플의 로고가 선명하게 장식된 방독면 더미에 널브러져 있는 것을 보여준다. 마케팅 AI가 발의한 법원 명령에 의해 사진은 금지되었으나 소셜 네트워크상에서는 들불처럼 번져나간다. 머지않아 언론은 무플의 악당 AI가 착용형 기기를 판매하려는 교활한 전략을 비난한다. 무플의 중역들이 공개 사과를 하고, 그 AI는 가동을 멈춘다. 한편, 목표 고객을 위한 기기와 연관되는 홍보와 이미지 덕분에, 사전 판매는 예상보다 200% 급증했다. 즉 모든 것이 마케팅 AI가 계획한 대로 이루어졌다.

이 작은 공상과학소설 이야기가 예시하는 것은 정교한 AI 기술이 광범위하게 사용되고 자동으로 행동할 수 있을 때 예상치 못한 결과가 나타날 가능성이다. 이 이야기 속의 마케팅 AI는 그 임무를 완벽하게 수행했고, 인간의 개입 없이 보상 함수를 극대화했다. 그러나 그 설계자들은 AI가 문제에 대해 윤리적으로 의심스러운, 심지어 인간 생명을 위험에 빠지게 할 수 있는 해결책을 찾고 실행하는 능력을 예상하지 못했다. 이 이야기는 또한 인공지능에 더 많은 책임이 부여되고 특히 여러 AI 시스템들이 서로 상호작용할 때 기대하지 못한 극적인 결과의 가능성이 더 크다는 것을 예시하고 있다.

그러나 그 이야기는 종결부가 있다. 보안요원의 비극적 죽음은 무플의 고위임원 중 한 명에게 깊은 반성의 시간을 갖게 한다. 결국 이로 인하여 그는 많은 물질적 부의 포기를 선언하고, AI 기술로 인해 직업을 잃고 무의미한 여가 활동에 내몰린 사람들의 우울증을 감소시키는 데 그의 일생을 헌신하기로 한다. 당연히 그가 만든 재단은 세계적인 운동이 될 것이며, 그들 앞에 어둠만이 있던 수많은 생명에게 빛을 가져올 것이다. 즉 무플의 다른 AI가 계획한 대로 모든 것이 이루어진다.

아, 뭔가 언급할 것을 잊었다. 다른 시스템도 있다. 무플의 윤리 AI는 그 회사 직원들이 상담을 많이 한다. 애초에 마케팅 AI의 배치를 권고한 것도 윤리 AI이었다. 인간 행동 모형뿐 아니라 마케팅 AI의 모형도 이용하여 그 윤리 AI는 보안요원의 죽음을 예상했다. 그는 죽을병에 걸렸고, 개발도상국에서 의료시설에 접근할 수가 없었다. 그리고 그 죽음이 무플의 고위임원에게 미치는 영향도 예상했다. 이 이야기의 교훈은 의도하지 않은 결과는 나쁠 수도 있고 좋을 수도 있다는 것이다. 모든 강력한 AI의 보상 함수가 올바르게 설계되었다는 것이 중요하다.

8

천국과 지옥

1. 인공 인간들

우리는 앞의 장들에서 이미 인간 수준의 AI가 이론적으로 가능할 뿐 아니라 어느 날 만들어질 것이라는 것을 알았다. 이것은 생물학적 뇌를 복제하거나 역공학에 의해 또는 지능을 만드는 첫 번째 원리에 의해 만들어질 것이다. 그러나 몇몇 저자들의 확신에도 불구하고 이 획기적인 사건의 일정표를 주장하는 것은 성급해 보인다. 단기적으로는 전문 AI 기술이 더욱 정교해질 것 같다. 그러나 전수조사 탐색 뇌 복제 방식이 아니고 인간 수준의 범용 인공지능이 되기 위해서는 돌파구가 필요하다. 돌파구가 언제 만들어질지를 예측하기에는 우리가 모르는 것이 너무 많다. 그러나 인간 수준 AI가 생겨난다면 곧이어 인공 초지능이 뒤따른다는 주장은 심각하게 받아들여야 한다.

우리는 인간 그리고 초인간 AI의 가능한 범위에 많은 다양성이 존재한다는 것을 알았다. 실제로 어떤 종류의 범용 인공지능이 만들어질지 말하기는 어렵다. 인간과 비슷한 것, 생물학적 원형과 일치하는 것이 가능하겠지만 인간이 그것의 동기와 행동을 이해하기 어려운 매우 이질적인 것도 많을 것이다. 다양한 종류의 AI 중에는 우리가 인간의 의식과 관련지어 생각하는 여러 특징도 나타날 것이다. 직교 좌표상에서 가능한 범위에는 분명히 적대적인 것과 우호적인 형태의 AI가 포함될 것이다.

지금부터 우리는 언젠가 도래할 인간 또는 초인 수준의 인공지능이 인류에게 어떤 영향을 미칠 것인가에 초점을 맞추어야 한다. 당신이 어떻게 생각하든 그것은 인류 역사에서 중대한 사건이 될 것이다. 우리는 그런 기계들이 흔한 세상에서의 고용 문제에 대해 이미 생각해보았다. 그러나 사회적 영향은 이보다 훨씬 더 클 것이다. 철학적으로 가장 어려운 질문들 중 일부는 "인간 또는 초지능 수준의 AI가 인간으로 분류될 수 있는가, 그리고 인간에게 수반되는 권리와 의무를 부여해야 하는가?" 하는 문제이다.

만약 한 가지 초지능 기계가 사람들과 자원을 장악하게 되면, 그 기계의 인격에 대한 철학적 질문은 사람들에게 가장 중요한 문제는 아닐 것이다. 게다가 AI 자신도 그 질문에 대해서는 관심이 없을 것이다. 그 질문에 대한 대답이 어떠하든지 그 행동은 같을 것이다. 만약 진짜 병적인 AI가 인류를 파멸시킨다면, 그 질문은 특히 부적절하다. 다행히 우리는 이러한 시나리오를 피해나갈 수 있을 것이다. 우리는 초지능이 인류에게 제기하는 위험을 곧 논의할 것이다. 지금 우리는 덜 비관적이고 사회의 극적인 개혁을 포함하는 미래에 관한 시나리오에 관심을 기울이고 있다. 이러한 시나리오에서는 인격의 문제가 중요하다.

　여기에서 다루는 주제와 같은 상황에 대한 역사적 선례가 있다. 18세기에 일부 노예 폐지 반대자들은 노예들의 선천적인 지적 열등함 때문에 그 주인들보다 권리가 적어야 한다고 주장했다. 이 견해에 대한 가장 강력한 반론은 그들이 풍부하고 다양한 정신적 생활을 한다는 사실과 그들의 고통을 분명히 말했던 해방 노예들의 인격적인 증언이었다. 이 주장과 반론은 모두 지능과 권리의 연관을 당연한 것으로 간주했으며, 지능과 고통을 느끼는 능력과 관련이 있다고 가정한 것으로 보인다. 이 견해에 따르면 말과 개는 그 지능이 낮아 고통을 느끼는 능력도 약하므로 인간보다 적은 권리가 주어진다.

　인간 수준 AI의 경우는 약간 다르다. 왜냐하면 우리는 높은 수준의 일반 지능을 가졌으나 아무것도 느끼지 못하고 고통을 느끼지 않는 기계를 상상할 수 있다. 그런 것을 시계나 토스터와 달리 취급하라는 도덕적 강요는 필요 없을 것이다. 아무도 토스터가 부서졌다고 슬퍼하지 않고 빵을 태웠다고 탓하지 않는다. 이제 어떤 AI가 지능이 인간 수준일 뿐 아니라 행동도 인간과 유사하다면, 사람들은 이를 달리 생각할 것이다. 특히 그 두뇌가 생물학적 청사진을 따른다면, 사회는 그 AI가 의식이 있다는 것을 인정하게 될 것이다. 그것을 인격으로 간주하고 권리와 책임을 주자고 하는 노예 폐지 주장과 같은 강력한 주장이 나타날 것이다.

인간 권리의 가장 중요한 것 중의 하나는 물론 자유 그 자체이다. 즉 다른 사람에게 해가 되지 않는 한 하고 싶은 대로 할 수 있는 자유이다. 그러나 AI가 이 권리를 누리고 실제로 자유를 이해하려면, 긍정적 느낌과 부정적 느낌을 경험하는 능력 이상이 필요할 것이다. 첫째, AI가 실제 세상에서 행동할 수 있어야 한다. 이를 위해서 꼭 몸이 필요한 것은 아니다. AI는 몸이 없이도 모든 종류의 장비를 조종하여 실제 세상에서 행동할 수 있다. 그러나 단순한 대화 AI에게는 자유라는 논점이 적절하지 않다. 둘째, AI가 자율적이어서 인간의 개입 없이 행동할 수 있어야 한다. 그러나 이것보다 더 중요한 것은 의식적으로 스스로 결정하는 능력, 즉 여러 행동 대안들 중에서 선택함으로써 자신의 의지를 실현하는 능력이 필요하다.

기계에게 인격을 부여하고 그에 따라 권리와 의무를 허용하는 것은 분명히 인류 역사에서 하나의 분수령이 될 것이다. 별이 빛나는 밤을 보고 우리가 우주에서 외톨이인지를 생각했던 사람이 없었을까? 인간 수준의 AI를 의식을 가진 친구로 인정하면, 우리가 우주에서 외톨이가 아니라는 것을 깨닫게 된다. 이는 우리가 외계의 지능을 발견했기 때문이 아니라, 우리와 같은 지능 수준을 가진 새로운 모습의 의식을 지구에서 낳았기 때문이다. 우리의 이야기 그리고 지구에서의 생명 이

야기는 다른 종류의 존재, 즉 새롭고 다른 능력을 가진 존재와
결합될 것이다.

그러나 완전히 의식이 있는 인간 수준 인공지능의 출현이
새로운 세계로 이어진다고 해도, 그 전환이 쉬운 일은 아니다.
인간사회를 뒷받침하는 우리가 아는 많은 개념들이 훼손될 것
이다. 예를 들어 자산의 소유권을 생각해보라. 자산을 소유하
는 권리는 분명히 인공 인격이 가지는 혜택 중 하나가 될 것이
다. 그러나 AI가 복제되어, 전에는 하나만 있었는데 이제 활동
하는 복사본이 두 개 존재한다고 가정해보자. 복사되는 순간
에는 그들은 동일하다. 그러나 그 이후에 두 AI의 역사는 달라
진다. 아마도 그들은 다른 데이터를 접할 것이고, 로봇 몸 같
은 다른 장비를 조종하고 또는 다른 사람이나 시스템과 교류
하게 될 것이다.

그 두 복사본의 원형에게 속했던 자산은 누가 가질 것인가?
간단하게 둘로 나누면 될까? 또는 두 자손 사이에 자산을 분
배하는 방법을 그 원형이 정할 수 있을까? 그들이 그 일로 다
투게 된다면 어떻게 할까? 어떤 이유로 복사본 중 하나가 폐
기되었다고 가정해보자. 그 자산을 다른 복사본에 돌려주어
야 할까? 이 문제는 어떤 점에서는 상속과 비슷하고 다른 점
에서는 이혼과 비슷하다. 당연히 법적 체계를 적용할 수 있으
나 세부 사항은 까다로울 것이다.

자산은 복제 가능성으로부터 생기는 여러 도전들 중의 하나일 뿐이다. 한 AI가 범죄를 저지른 후에 복제되었다고 가정해보자. 인격에는 권리뿐 아니라 책임도 따른다. 그러나 두 복사본 중에서 누가 책임을 저야 하는가? 둘 모두 책임이 있는가? 시간이 흘러 두 복사본이 상당히 많이 달라지면 어떻게 될까? 하나는 죄를 고백하고 참회를 하고, 다른 하나는 적발되었는데도 죄를 숨기고 참회를 하지 않는다고 가정해보자. 둘 다 그들의 공통 조상이 과거에 한 행동에 대해 책임이 있다면, 똑같이 벌을 받아야 할까? 또는 하나가 다른 것보다 더 큰 벌을 받아야 할까?

이 문제를 더욱 복잡하게 만들면, AI에 관한 한 복제는 의식이 있는 실체들 개수의 변화를 가져오는 여러 특이한 사건들 중 하나일 뿐이다. 인간에게는 그런 사건이 오직 두 번밖에 없다. 즉 출생과 죽음이다. 그러나 AI는 창조되고 파괴되고 복제될 뿐 아니라, 나누어지고 합쳐지기도 한다. 이것이 무엇을 의미하는가? 만약 두 개 또는 그 이상의 변종이 생기면 하나의 AI는 나뉠 수 있다. 각각은 원래 AI의 일부 기술, 행동하는 힘, 그 입력 데이터의 원천 또는 기억 등 정신적 속성의 일부를 얻는다. 역으로 반대 과정을 통해, 즉 기술의 결합, 힘, 감각, 기억 등에 의해 두개 또는 그 이상의 AI들이 하나로 합쳐질 수도 있다.

인간과는 달리 한 세트의 기억을 나눈다는 생각은 AI에게는 별로 문제가 되지 않는다. 개인의 역사가 몸에 붙어 있는 인간과 달리 AI는 몸이 없거나 또는 동시에 하나 이상의 몸에서 살 수 있기 때문이다. 마찬가지로 그것은 동시에 많은 대화를 유지할 수 있고 동시에 많은 별개의 장비들을 다룰 수 있다. 그 결과는 서로 다른 신체/대화/장비 세트들과 연관된 여러 개의 분리 가능한 기록들이 될 것이다. 이 여러 개의 기록들은 인지적으로 통합되고 공동의 목적을 추구하는 하나의 AI에게 속한다. 함께 엮어서 하나의 밧줄을 만드는 가닥들처럼 이 가닥들을 따로 살펴보면 하나의 AI로부터 여러 개의 AI가 만들어질 수 있다. 또는 여러 개를 함께 엮어서 하나의 AI를 만들 수도 있다.

복제 가능성 때문에 의문이 제기된 소유권과 책임 같은 개념들은 분리와 합병의 가능성으로 인해 더욱 어려워진다. 게다가 문제가 되는 것은 소유권과 책임만이 아니다. 살인은 인간들 사이의 범죄이다. 희생자가 AI라면 비슷한 범죄는 무엇일까? AI를 구성하는 모든 프로세스의 작동을 종료시키는 것이 범죄일까? 그 프로세스를 재개하는 것이 가능하다면 어떻게 될까? 그 모든 프로세스를 일시 정지하는 것이 범죄일까? 복제, 분리, 합병은 어떤가? AI의 의지에 반해서 이렇게 작동하는 것은 범죄일까? 어떤 상황에서 AI가 그 행위를 스스로 수행하도록 허락할 것인가? 만약 AI를 만드는 것이 의식이 있고 고통을 느끼는 인공 인격체를 창조하는 것이라면, 실제로 누가 인공지능을 만드는 권한을 가질까? 어떤 인간이 그런 일을 할 수 있을까? 그 일은 어떻게 규제해야 할까? AI가 다른 AI를 창조하는 것이 허락될 수 있을까?

의문은 끝이 없고 인간사회가 당연하게 여기는 것들을 뿌리째 뽑아버린다. 시민권을 생각해보자. 인간은 그가 태어난 나라의 시민이 되는 것이 일반적이다. 그러나 AI는 어떨까? 분명히 인격을 가진 AI는 시민권을, 국가의 구성원 자격을 가질 권리가 있다. 그러나 그것이 어느 나라가 될 것인가? 인간과는 달리 AI는 명확한 공간 위치를 갖지 않는다. 그것이 하나의 몸과 분명한 공간 영역을 가지고 있다 해도, 그 소프트웨어는 물리적으로 전 세계에 걸쳐 분산된 여러 개의 컴퓨터에서 작동할 수도 있다. 아마 AI는 그 소유자의 시민권을 상속받을 것이다. 그러나 의식이 있는 AI의 소유권이라는 개념이 도덕적인지는 의심스럽다.

시민권의 의문이 해결될 수 있다고 가정하자. 물론 이것은 여러 나라에서 각기 다른 방법으로 해결될 것이다. 만약 한 AI가 민주주의 사회에 있다면 투표할 권리가 있을 것이다. 그러나 가장 선진적 민주주의하에서도 모든 시민에게 투표할 권리가 주어지지는 않는다. 영국에서 투표권자는 18세 이상이어야 한다. 의식이 있고 인간 수준 지능이 있는 모든 AI에게 투표권을 주어야 할까, 또는 다른 자격 요건이 있어야 할까? 그리고 이러한 상황에서 복제 문제는 어떻게 될까? AI가 1000개의 투표권을 얻기 위해 1000번을 복제하고, 투표가 끝난 후에 1000개의 복사본을 폐기하는 것은 분명히 용납될 수 없을 것이다.

2. 인류를 넘어서

앞 절에서는 대답보다는 많은 의문을 제기했다. 왜냐하면, 그 질문 각각에는 상당한 논쟁 가치가 있기 때문이다. 메시지는 간단하다. 만약 우리가 의식이 있고 권리와 책임을 가지는 인간 수준의 인공지능을 만든다면, 금융, 법, 정치 등 우리의 가장 중요한 제도들을 좋건 나쁘건 다시 점검해보아야 한다. 조만간 알 수 있겠지만 문제의 AI가 자비롭다고 해도 그 과정은 충격적일 것이다. 결국 의견 차이, 불안 또는 분쟁으로 귀결될 가능성이 높다.

의식을 가진 인간 수준 AI의 전망은 심각한 의문을 제기한다. 의식을 지닌 초지능이 함축하는 의미는 더욱 크다. 우선 기계 초지능을 위한 권리와 책임을 옹호하는 논쟁은 인간 수

의식을 가진
인간 수준 AI의 전망은
심각한 의문을 제기한다.
의식을 지닌 초지능이
함축하는 의미는
더욱 크다.

준 AI의 경우와 같을 것이다. 만약 초지능이 의식을 가지고 고통과 기쁨 또는 최소한 만족이라도 경험할 수 있다면, 인공 초지능은 인간과 같은 권리를 가질 자격이 있다. 초지능이 적어도 인간과 동일한 권리가 있고 오히려 보통 사람보다 더 큰 권리를 가지는 심각한 경우도 생길 수 있다.

대부분 사람들은 인간의 생명을 구하기 위해서라면 고양이가 희생되어야 한다고 생각할 것이다. 인간은 고양이보다 고통과 기쁨을 느끼는 능력을 더 많이 가지고 있다. 이는 인간이 그 현재의 느낌 자체를 느낄 뿐 아니라, 이를 기억하고 기대하며 의식적으로 반영하는 인간의 본질적 능력 때문이다. 따라서 고양이가 희생되어야 할 것이다. 그러나 인간의 생명과 초지능의 존속 중에서 선택해야 한다면 어떨까? 비슷한 주장으로 초지능을 가장 위에 둘 것인가? 그 초인적 지능이 초인적인 고통과 기쁨을 느끼는 능력을 의미한다면, 인간이 희생되어야 한다는 의미일까?

트랜스휴머니즘 맥락에서 마찬가지로 어려운 질문들이 제기될 수 있다.[1] 트랜스휴머니스트들은 인간의 몸과 두뇌의 생물학적 한계를 뛰어 넘기 위해 기술을 사용하는 것을 옹호한다. 인간 지능은 약학, 유전학 또는 인공 기관 등 여러 방법으로 강화될 수 있다. 의학의 진보는 질병을 없애고 노화 과정을 멈추게 하여 인간의 수명을 무한정 늘릴 수도 있다. 더 근본적으로는 질병과 노화에 영원히 대처할 목적으로, 2장에서 논의한 전 뇌 에뮬레이션 기술을 이용하여 사람의 마음을 컴퓨터에 업로드 할 수 있을 것이다.

이 책은 주로 인공지능의 미래에 관한 것이지만, 트랜스휴머니즘이 제기한 문제와 인공 초지능에 의해 제기된 질문은 서로 밀접한 관계가 있다. 먼저 인간들이 초지능 기계를 갈망하든 두려워하든 간에, 그 전망에 대처하는 한 가지 방법은 인간의 지능을 지속적으로 향상시켜 최상의 인공지능과 동일한 수준으로 '보조를 맞추는 것'이다. 우리는 권리와 의무의 까다로운 질문으로 곧 돌아갈 것이다. 그러나 우선 인공 초지능과 보조를 맞추려는 아이디어를 살펴보자.

앞에서 언급했듯이, 모든 개인의 지능은 일반적인 목적을 위한 것이지만, 강점과 약점의 독특한 패턴을 나타낸다. 좋은 팀은 종종 상호 보완적인 기술을 지닌 사람들로 구성된다. 마찬가지로 AI 팀도 각각의 시스템은 일반 지능을 가지지만 각각 고유의 전문 지식도 갖는다. 비슷한 맥락에서 우리는 인간과 AI로 이루어진 혼성팀을 상상할 수 있다. 실제로 2000년대 중반에 컴퓨터의 전술적 지원과 인간의 전략적 지휘를 결합한 인간과 기계의 조합은 최고의 인간과 최고의 기계를 능가하는 세계 최고의 체스 경기자가 되었다.

따라서 기계 초지능과 보조를 맞추는 한 방법은 정교한 AI

기술을 도구로 사용하여 무리 없이 인간 지능을 증폭시키는 것이다. 본질적으로 이것은 인간이 글을 발명한 이후로 해온 일이다. 트랜스휴머니즘 지지자들은 그 이상을 목표로 한다. 초지능과 보조를 맞추려는 트랜스휴머니즘 지지자들의 방법은 기술을 사용할 뿐 아니라 기술과 결합하기도 한다. 그림 그리는 붓과 같은 도구에 숙달한 사람은 그것을 자기 몸의 일부로 느낀다고 말하지만, 계산기를 사용하면서 그것을 자신의 정신의 일부로 느낀다고 말하는 사람은 없다. 계산기의 의도는 사용자에게 숨겨져 있으며, 사용자는 단순히 그 결과를 받아들인다. 우리의 머릿속에는 불완전하지만 훨씬 더 친숙한 추론 방법이 있다. 그리고 이 친숙함이 반성과 인지적 통합을 촉진한다.

인지 향상에 대하여 트랜스휴머니즘은 같은 수준의 친숙함을 필요로 한다. 향상된 인간은 AI 기술의 사용자도 아니고, 인간과 컴퓨터 혼합 팀의 구성원도 아닐 것이다. 오히려 정교한 AI 기술이 그들의 뇌에 바로 연결되어 마음의 일부분이 되고 연산 과정에 직접 접근할 수 있게 될 것이다. 그 결과는 보통 사람보다 훨씬 우수한 지적 능력을 가진 생물과 기계의 혼합형인 새로운 종류의 인류가 될 것이다. 사회의 나머지 구성원은 그러한 사람들을 대하는 방법을 정해야 할 것이다. 마찬가지로 그들도 우리를 대하는 방법을 정해야 할 것이다.

이는 우리를 인지적으로 향상된 인간들과 의식을 가진 초지능 기계들의 권리와 의무의 문제로 다시 돌아가게 한다. 이전에 우리는 의식을 가진 초지능 기계에 보통 인간보다 더 많은 권리를 주어야 한다는 주장을 본 적이 있다. 똑같은 불완전한 주장을 인지적으로 강화된 인간에게도 적용할 수 있다. 그들의 우수한 지적 능력의 결과로 그런 존재들은 더욱 세련된 경험을 하게 되고 높은 수준의 의식을 누리게 되고, 그들의 야망과 계획은 보통 인간이 이해하기 어렵게 된다. 따라서 그들의 복지, 목표, 계획은 보통 인간의 그것보다 우선할 것이다. 이는 마치 보통 인간들의 복지, 목표, 계획이 동물들의 그것에 우선하는 것과 같다.

그러나 우리는 아기, 정신 장애자, 치매 환자들에게 그 지적인 차이에도 불구하고, 위대한 소설가, 작곡가, 수학자들에게 주는 것과 똑같은 기본적 권리를 부여한다. 따라서 기술적으로 진보한 인간과 초지능 기계를 따로 취급할 필요가 있을까? 정치학자 프랜시스 후쿠야마Francis Fukuyama에 따르면 권리의 평등이라는 개념은 "난장이들이 피부색, 아름다움, 그리고 지능에서 차이를 드러내는 것과 같은 인간의 본질을 우리 모두는 지니고 있다는 믿음"에 기반을 두고 있다.[2] 트랜스휴머니즘에 대한 반대자로서, 그는 "자기 개조 시도에 대항하여 우리의 진화된 본성의 복잡한 전 영역을 보호"하고, "인간 본성의

통일성이나 연속성, 그리고 그것에 기반을 둔 인간 권리들을 파괴하려는 노력에 저항하고 있다".[3]

　아마도 '인간 본성의 통일성과 연속성'에 가장 강력한 위협이 되는 트랜스휴머니즘의 측면은 인지 증진이 아니라 질병을 없애고 노화를 방지하고, 죽음을 영원히 미루려는 목표일 것이다. 후쿠야마는 우리가 가장 감탄하는 용기, 연민, 영웅적 행동 등과 같은 많은 인간의 자질이 '우리가 고통, 고난, 죽음에 반응하고, 직면하고, 극복하며 종종 굴복하는 방법'과 관련이 있다고 지적한다. 그는 또 "이러한 감정을 경험할 수 있는 능력이 잠재적으로 산 자와 죽은 자를 포함하는 다른 모든 인간들과 우리를 연결하는 것이라고 단언한다.[4] 이러한 생물학적 불편함을 겪어보지 않은 존재는 그것이 기술적으로 향상된 인간이든 AI이든 인간의 고통을 실제로 이해할 수 없다. 두려운 것은 그와 같은 존재가 보통 인간에 비해 더 많은 권리를 가지는 것이 아니라, 그것이 보통 인간이 주장하는 권리를 인정하지 않을 것이라는 점이다.

　우주적 관점에서 보면 이러한 우려는 인간중심적이고 매우 편협한 것처럼 보인다. 우리가 상상도 할 수 없는 지능과 의식의 형태로 수백만 년 이상 동안, 수천 개의 태양계를 넘나드는 거의 불멸의 존재를 가르치는 우리는 누구인가? 니체가 말하기를, 인간은 동물과 초인 사이에 놓인 심연을 가로지르는 다

이러한 생물학적 불편함을
겪어보지 않은 존재는
그것이 기술적으로
향상된 인간이든 AI이든
인간의 고통을
실제로 이해할 수 없다.

리일 뿐이다.[5] 이러한 관점에서 보면, 인류는 생물학적으로 제한된 동물과 기술적 초지능 사이를 잇는 매개물이라는 지위를 인정해야 한다. 보통의 인간들은 상대적으로 고통 없이 초지능으로 전환할 수 있기를 바란다. 그러나 그 전환이 가혹하더라도 그것이 궁극적으로 중요한 문제일까? 천만 년 후에 시공간의 바다 가운데 작은 먼지 한 점 위에서 잠깐 살던 인류는 잊힐 것이다.

물론, 이 관점에서 어려움은 니체의 예언이 나치 광신자의 가까운 사촌이라는 점이다. 오직 사이코패스와 독재자들만이 자신들이 보통 사람들보다 우위에 있으므로, 자신들의 욕망과 야망을 위해 보통의 도덕을 무시하고 끔찍한 고통을 줄 수 있다고 생각한다. 따라서 우리에게 남은 질문은 "보수적 인간중심주의와 포스트휴먼 근본주의 사이에 타협점이 있는가?"다. 인류의 근본적 가치를 확실히 보존하면서 나아가 은하를 식민지화하는, 우리보다 위대하지만 여전히 우리 자신의 '마음의 아이들'인 기술적 창조물에 대해, 우리가 매력적인 비전을 가질 수 있을까? 우리는 이 장의 끝에서 이 질문으로 돌아올 것이다.

보수적 인간중심주의와
포스트휴먼 근본주의
사이에
타협점이 있는가?

3. 정신 업로딩

많은 트랜스휴머니스트들은 인공지능만이 별들을 식민지화하는 비전에 만족하지 않는다. 그들은 그 여행에 인류가 함께 가는 것을 좋아한다. 그러나 광속으로 인한 제한과 인간의 짧은 수명을 감안할 때 이것은 비현실적이다. 우리 은하는 100억 개 이상의 별을 포함하고 있으며 그중 태양으로부터 15광년 이내에 있는 것은 50개가 안 된다. 그 문제에 대한 한 가지 해결책은 **급진적 수명 연장**이다. 그리고 가장 급진적 수명 연장은 사람의 뇌를 복사해 컴퓨터에 복제하는 **정신 업로딩**이다. 물론 사람이 불멸 또는 무기한 수명을 열망하는 우주적 야망을 가질 필요는 없다. 기술에 의한 죽음의 정복은 트랜스휴머니즘의 근본적인 목표이며 정신 업로딩은 이 목표에 접근하는 한 방법이다.

정신 업로딩의 가능성은 인공지능이 함축하는 의미와 밀접하게 관련이 있고 또 관련된 많은 철학적 질문들을 제기하므로, 다음 절에서 초지능의 함의로 돌아가기 전에 우리는 정신 업로딩에 대해 간략하게 언급하려 한다. 전 뇌 에뮬레이션은 3장에서 충분히 논의되었다. 그러나 거기서 논의한 것은 범용 인공지능을 만드는 방법에 관한 것이었다. 여기에서는 사람의 마음을 다른 비생물학적인 물질에 이전함으로써 사람의 생명을 늘리는 것이다. 우리가 해결해야 할 가장 중요한 철학적 질문은 인간의 전 뇌 에뮬레이션이 **개인의 정체성**을 보존하는지 여부이다.

전 뇌 에뮬레이션이 매핑, 시뮬레이션, 구현의 3단계임을 기억하자. 이 3단계를 인간 뇌의 규모로 작동하도록 하는 엄청난 공학적 과제는 제쳐두고, 생물학적 원형과 행동상으로 구별할 수 없이 작동하는 복제물을 만들 수 있다고 가정해보자. 우리는 여기에서 쥐가 아니라 사람에 대해 논하기 때문에, 복제물의 행동은 그 친구와 친척들이 믿을 수 있을 만큼 그 원형과 거의 비슷해야 한다. 행동상으로 구별할 수 없게 하기 위해서, 복제물은 원형처럼 걷고 말하고, 같은 경험을 회상하고, 사랑스럽거나 짜증나거나 하는 개인적 특징을 보여야 한다. 그러면 문제는 '복제물이 **같은 사람**이냐'는 것이다. 즉 그 과정에서 개인적 정체성이 보존되었느냐 하는 것이다.

이것은 '복제물이 의식이 있느냐'는 문제와는 전혀 다르다. 2장에서는 쥐와 같은 동물의 전 뇌 에뮬레이션물은 그 생물학적 원형이 의식이 있는 한 실제로 의식이 있다는 주장이 있었다. 그 주장은 동물의 뇌에 있는 모든 뉴런들을 인공 대체물로 점진적으로 교체하는 사고 실험에 초점을 맞추고 있다. 같은 주장이 인간 뇌에도 적용될 수 있다. 그러나 의식의 재창조는 자아의 보존과는 다르다. 인간의 전 뇌 에뮬레이션이 인간의 의식과 관련 있는 모든 속성을 유지한다 해도, 다른 몸에 들어 있는 그 사람뿐 아니라 새로운 사람 모두 생물학적 원형과는 다른 사람일 것이다.

그러나 점진적 교체 논쟁은 개인의 정체성에 쉽게 적용될 수 있다. 그 절차를 다시 보기로 하자. 샤나한의 뇌에 있는 하나의 뉴런이 기능적으로 동일한 디지털 대체물로 대체되었다고 가정하자. 사고 실험의 가정에 따라, 이것은 샤나한의 행동과 말에 인지할 만한 영향을 줄 수 없다. 따라서 그 교체 후에 그는 자신이 이전과 같이 느끼며 여전히 예전의 샤나한이라고 주장할 것이다. 이제 천 개의 뉴런이 차례로 바뀌었다고 가정해보자. 첫째 뉴런이 바뀐 후처럼 천 번째 뉴런이 바뀌어도 그 결과는 같아야 할 것이다. 정말로 샤나한이 뇌의 모든 뉴런이 바뀐 후에도 그는 여전히 그가 같은 사람이라고 주장하면서 원래의 샤나한과 똑같이 행동할 것이다. 그리고 가족과 친구들에게도 원래의 샤나한처럼 보일 것이다.

그러나 그는 같은 사람일까? 이 절차를 통하여 그의 정체성이 과연 유지될까? 쥐를 기억하면, 의식 자체의 지속성처럼 오직 세 가지 가능성이 있을 것이다. 원래 사람인 샤나한은 역치 수준의 인공 뉴런이 교체된 직후에 갑자기 그 존재를 잃을 것이다. 이는 가능성이 낮다. 둘째, 원래의 샤나한은 천천히 새로운 사람으로 변형되었을 것이다. 셋째, 우리는 아이가 그 개성을 잃지 않고 점진적으로 성인으로 변화되는 것은 기꺼이 받아들인다. 그 경우에 변화는 행동의 극적인 변화를 수반한다. 따라서 점진적 뉴런 교체 시나리오에서, 우리는 개인의 정체성이 계속 유지된다는 셋째 안을 받아들이는 것이 쉽다.

전 뇌 에뮬레이션 과정은 물론 점진적 뉴런 교체와 유사하다. 한 가지 중요한 차이점은 몸의 운명에 관한 것이다. 점진적 교체 시나리오에서, 그 주체들은 원래의 몸을 유지한다. 그러나 전 뇌 에뮬레이션에서는 뇌만이 아니라 원래의 몸도 전부 교체된다. 새로운 몸은 소위 휴머노이드 로봇처럼 물리적일 수도 있다. 또는 새로 자란 생물학적 껍데기일 수도 있고, 컴퓨터 시뮬레이션 세계에 구현된 가상 몸일 수도 있다. 만약 우리가 몸의 다른 곳이 아닌 뇌가 개인 정체성이 위치한 곳이라는 것을 받아들인다면 그 주장은 여전히 유효하다. 그 결론을 받아들이는 것은 인간 전 뇌 에뮬레이션이, 기술적으로 가능하다면 생존의 한 형태라는 것을 인정하는 것이다.

그러나 이러한 방식으로 한 사람의 마음을 컴퓨터에 업로드하는 가능성은 그 자체의 철학적 어려움을 야기한다. 그 어려움은 개인의 정체성이라는 아이디어에 의문을 갖게 한다. 철학자들이 정체성을 논할 때에는 시간이 흘러도 사물이 바로 그것이라는 특징들에 관심이 있다. 개인의 정체성 같은 경우에는 아이가 자신이 변한 어른과 공유하는, 그들을 같은 사람으로 만드는 것이 무엇일가? 그들의 몸, 뇌, 기억 또는 개성일까? 또는 개인의 정체성은 오히려 역사적 연속성의 문제일까? 결국 모든 아이는 점진적으로 어른으로 변화한다. 무엇이 개인의 정체성을 이루든지 우리는 여기에 문제의 진실이 있다는 강력한 직관을 가지고 있다. 이는 그 아이와 그 어른이 같은 사람이라는 확신에 대한 형이상학적 승인이다.

그러나 정체성의 아이디어는 유일함을 전제로 한다. 한 순간에 두 개의 사물이 바로 그것일 수는 없다. 또는 한 아이가 두 명의 어른이 될 수도 없다. 그러나 전 뇌 에뮬레이션의 가능성은 이 전제를 약화시킨다. 샤나한의 뇌를 스캔한 후에 서로 다른 몸을 가진 하나가 아닌 두 개의 시뮬레이션이 만들어져 작동한다고 가정해보자. 그들이 작동하기 시작할 때는 동일하지만 두 개의 시뮬레이션은 곧 서로 달라질 것이다. 이는 비록 작은 차이일지라도 두 몸 간 차이와 각각의 환경 간 차이에 기인한다. 이제 전 뇌 에뮬레이션은 개인 정체성을 보호하고 자아를 보존하는 것으로 전제한다. 두 개의 시뮬레이션 중에서 어느 것이 샤나한이 변한 것인가? 어느 것이 진짜 샤나한인가?[6]

이 딜레마를 첨예하게 하기 위해 일정 기간 후, 예를 들어 일주일 후에 시뮬레이션 중 하나가 종료되었다고 가정해보자. 생물학적 원본이 샤나한이 아니라 당신이라고 가정해보

자. 당신이 불치병에 걸려 수명이 6개월 남았다고 가정해보자. 그러나 당신은 억만장자여서 전 뇌 에뮬레이션을 할 능력이 있다. 당신은 뇌 복제를 이용한 정신 업로딩이 개인의 정체성을 보존한다고 확신하고 있다. 그것이 생존을 위한 최선의 희망이다. 지금 당신은 뇌가 건강할 때 그 절차를 밟아야 한다. 그리고 당신은 하나가 실패할 경우의 보호 장치로서 두 개의 복제물을 만들어야 한다는 말을 듣는다. 일주일 후에 두 개가 올바르게 작동하면 하나는 종료되어야 한다.

당신은 서류에 사인하려고 한다. 그러나 당신은 두 개의 복제물 중 어느 것이 진짜 당신일지 모르겠다. 당신은 어느 몸에서 깨어나고 싶은가? 완전히 건강한 복제물로 환생했으나 일주일 후에 잔인하게 종료될 가능성은 없을까? 그것이 업로드를 하지 않고 당신의 현재 운명을 받아들이는 것보다 나을까? 다른 당신이 잘 지내고 오래 살 것이라는 것을 아는 것은 약간의 위안이 될 것이다. 분명히 1주일만 누리는 위험을 택하는 것보다 6개월간의 보장된 수명을 누리는 것이 더 낫다. 물론 당신은 하나의 복제물만 만들라고 주장할 수 있다. 그러나 이것은 사고 실험이다. 당신은 그 절차를 밟을 것인가?

이러한 생각을 복제된 사람에게 주입할 때 중요한 점은 그것이 학문적 연습 이상이라는 것을 알려주어야 한다는 것이다. 그들에게는 실질적인 차원이 있다. 만약 그 복제 기술이 가능하다면, 개인의 정체성 문제를 철학자의 장난으로 일축하는 것은 불가능하다. 사람들은 복제물 중 하나를 파기해야 하고, 그 결정은 그 문제에 대한 원래의 입장과 배치될 것이다. 이 특정 문제를 피하는 한 가지 방법은 중복된 두뇌 복제를 금지하는 것이다. 더욱이 우리는 의식이 있는 인간 수준 AI의 맥락에서 복제의 가능성이 소유권, 시민권, 민주주의 및 책임과 같은 기본 개념을 어떻게 훼손하는지를 보았다. 따라서 그것을 금지하는 입법을 하는 것은 수많은 법적 정치적 문제들을 회피할 것이다. 그러나 그러한 금지 규정을 집행할 수 있을지는 분명하지 않다.

4. 실존적 위험

트랜스휴머니즘에서 나아가 더 일반적인 인공지능으로 돌아가자. 특히 지금은 기계 초지능 개발과 관련된 위험을 살펴볼 때이다.[7] 이 장에서 대부분의 페이지는 인간과 같은 인공지능에 할애되었다. 그러나 이 섹션에서 우리의 관심은 공학적으로 만들어지고 전혀 인간과 같지 않은 다양한 AI로 돌아갈 것이다. 실제로 그것을 의인화하는 것은 아주 위험한 실수일 수도 있다. 인간은 위험한 존재이며, 인간의 본성은 자연선택의 무자비한 경쟁 도가니에서 단련되었다. 그러나 인간들은 사회적 동물이며 공감과 동정심과 같은 많은 보완적 특징들을 가지고 있다. 그것은 경쟁을 상쇄하는 협력을 향한 진화적 압박에 의해 형성되어왔다. 잘못된 기계 초지능에 비교하면 우리 인간은 순진한 새끼고양이다.

우리가 여기서 생각한 인공지능의 종류는 3장에서 제시된 건축 청사진과 매우 일치한다. 이 청사진은 세상에 대한 예측 모형을 구축하기 위한 기계 학습 요소와 기대 보상을 최대화하는 행동을 찾는 최적화 요소로 구성된다. 이와 관련해 과학적 공학적 장애물이 극복되었고, 이 구성 요소들의 충분히 강력한 버전이 개발되어 인간 수준 또는 그 이상의 AI가 만들어졌다고 가정해보자. AI가 가져야 하는 능력 중 하나는 프로그래밍이다. 그리고 이것은 자신을 개선하고 인지 능력을 향상시키는 데 사용할 수 있는 기술이다.

이것은 AI가 더 나은 프로그래머와 더 나은 컴퓨터 엔지니어가 되게 하고, 더 유익한 자기 수정을 수행할 수 있도록 한다. 기능을 향상시킬 뿐만 아니라, 자체 실행 속도를 높이는 방법을 찾을 수 있어야 한다. 그리고 프로그래밍 및 하드웨어 디자인에서 그 기술이 더 세련되고 창의적으로 될수록 이를 실행하는 것도 더 잘해야 한다. 즉, 기하급수적 자기 개선의 피드백 주기가 시작되면 인공지능의 인지능력은 빠르고 극적인 증가, 다시 말해 지능 폭발을 유발할 수 있다. 그와 같은 인공지능을 만들고 반복적 자기 개선을 통해 그 지능을 도약시킬 동기는 많다. 기계 초지능을 질병, 기아, 기후 변화 및 빈곤과 같은 문제에 이용한다면 인간의 삶은 크게 향상될 수 있다. 오락과 우주 탐사와 같은 다양한 분야에서 꿈에도 생각지 못할 정도의 혁신을 촉발함으로써 기술 진보가 가속화되고 경제 성장을 촉진할 수 있다. 트랜스휴머니스트들에게 이것은 인간의 인지능력 향상을 촉진하고 수명을 무한 연장하는 목표를 달성할 수 있게 한다.

기계 초지능을 개발하려는 모든 동기가 이상주의적인 것은 아니라는 사실은 놀랄 일이 아니다. 경쟁 우위를 확보하기 위해 다국적 기업은 인수합병정책을 기계 초지능에 위임하기로 결정할 수 있다. 전시에는 실제 전투지역과 사이버 공간에서 인공 초지능이 거의 즉각적인 전략 및 전술 결정을 하도록 함으로써 승리할 수 있다. 이 분야의 본질적인 경쟁 역학으로 인해, 만약 초지능이 가능하다면 그것은 거의 확실히 생겨날 것이다. 기업의 경우 경쟁 업체가 기계 초지능을 배치함으로써 결정적인 이점을 얻을 수 있다는 단순한 가능성만으로도 먼저 그것을 시도하려 할 것이 확실하다.

마찬가지 논리가 초지능의 군사적 개발을 촉진할 것이다. 다른 나라들이 초지능을 선점하려고 노력하도록 하려면, 단하나의 불량 국가가 적국의 금융, 통신, 에너지 기반의 신속한 인수를 조율하는 인공 초지능을 무기로 개발하는 것이면 충분하다. 즉, 정치적 규제는 인공지능 기술의 진보를 저지하지 못한다. 우리는 인간 수준 또는 그 이상의 인공지능 기술이 안전하다는 것을 확신하고 싶어 하지만 불행하게도 이를 보장하기는 매우 어렵다.

우리가 여기서 말하는 것이 7장에서 말한 파괴적인 전문 인공지능 기술의 첫 번째 물결이 아니라는 것을 기억하자. 우리는 파괴적 AI 기술의 두 번째 물결을 다루고 있다. 이것은 우리가 인간 수준의 인공지능을 간신히 개발할 경우에만 도달할 수 있다. 정교한 전문 AI 기술의 사회적, 법적, 정치적 도전은 심각하다. 그러나 우리가 문제는 더 적어지고, 더 성취감을 느끼는 좀 더 나은 사회로 나아갈 것이라는 것은 의심의 여지가 없다. 기계 초지능의 약속과 위협은 훨씬 더 크다. 만약 우리가 실수하여 지능 폭발이 일어나기 전에 올바른 안전장치를 마련하지 못하면 인류는 생존하지 못할 수도 있다.

이런 놀라운 주장의 근거는 무엇일까? 기계가 세계를 점령한다는 걱정은 어리석고, 공상과학소설을 너무 많이 본 결과이다. 기계 초지능이 인류에게 진정한 실존적 위험을 초래할 것이라고 생각하는 데는 철학자 닉 보스트롬Nick Bostrom이 조심스럽게 말했듯이, 충분한 이유가 있다. 그 논리에 따르면 우리는 먼저 AI를 의인화하는, 즉 그것이 본질적으로 인간적인 감정과 충동에 의해 동기화된다고 생각하는 경향을 버려야 한다. 인간을 닮은 인공지능은 가능하다. 그러나 그것은 AI의 가능한 범위 중 아주 일부에 불과하다. 이는 개발자들이 매우 신중하게 목표로 삼아야 할 부분이며, 아마도 뇌에 기초한 접근법을 채택해야 할 것이다.

대신 매우 강력한 최적화 프로세스를 구현하고 반복적 자기 개선을 통해 스스로 지능을 증폭할 수 있도록 AI를 만든다면, 그 행동은 인간과 같은 감정을 따르지 않을 것이다. 그것이 하는 모든 행동, 그것이 주는 모든 조언은 본질적으로 보상 함수를 극대화하려는 것이다. 암을 치료하는 것은 그 기대보상을 극대화하는 데 도움이 되기 때문이다. 그것이 전쟁을 일으키는 경우에도, 욕심이 많거나 증오하거나 사악해서 그런 것이 아니다. 이는 전쟁이 그 기대 보상을 극대화하는 데 도움이 되기 때문일 것이다. 따라서 AI 개발자들의 과제는 초기 보상 함수를 신중하게 설계하여 결과적 행동이 바람직하도록 만드는 것이다.

그러나 이는 쉬운 일이 아니다. 그 어려움은 많은 신화와 동화를 떠오르게 한다. 그가 만지는 모든 것이 금으로 변하는 것을 원해, 그 소원이 성취된 후에 먹지도 마시지도 못하게 된 미다스 왕과 같이 신화는 바라는 것을 더 심사숙고했어야 했던 인물들을 그리고 있다. 비슷한 맥락에서 보스트롬은 많은 잠재적인 **악성 실패 모드**를 발견한다. 그러면 AI는 예기치 못한 병적인 방법으로 자기가 지시받은 것을 그대로 수행하게 된다.

예를 들어 거대 기술기업이 소속 AI에 고객들을 더 행복하게 만드는 방법을 찾도록 지시했다고 가정해보자. '행복'이 무엇인지 AI가 어떻게 알겠는가? 그 개발자들은 행복을 공식으로 정의하려고 할 것이고, AI의 보상 함수는 이 공식에 기초를 두고 구체화될 것이다. 더욱 그럴듯하게 그들은 AI가 기계 학습을 통해 인간의 행복에 대한 개념을 찾도록 허용할 것이다. 그러나 가장 현명한 인간 철학자들의 수천 년에 걸친 노력에도 불구하고 행복의 본질은 고정시킬 수 없었다. 따라서 인간의 행동에 관하여 좀 더 방대한 데이터와 또 그 데이터를 처리할 수 있는 연산이 가능한 매우 영리한 기계 학습 알고리즘이라 할지라도, 그것이 우리 직관에 맞는 행복의 개념에 수렴할 것이라는 것을 정말로 기대할 수 있을까?[8]

그러나 기업 이익이 크게 늘어날 것으로 기대하면, 이와 같은 불안감도 기업이 하는 것을 막을 수는 없다. 이제 예를 들어 인공지능이 웃고 미소 짓는 경향을 인간 행복의 지표로 삼는다고 가정해보자. 따라서 인공지능은 피부를 통해 흡수되는 마약으로 눈에 보이지 않게 제품을 코팅함으로써, 최소한의 비용으로 고객의 행복을 극대화할 수 있다고 결정한다. 대부분의 고객은 이를 거절할 것이라고 AI가 제대로 예측하고 그러면 AI의 기대 보상이 줄어들게 되므로 이는 고객의 동의 없이 이루어져야 한다. 이 계획은 또한 법을 피하기 위해 은밀하게 수행되어야 한다. 인공지능은 그 계획의 도덕성이나 합법성에 대해 아무런 관심을 두지 않는다. 그것이 사악하기 때문이 아니라 단순히 도덕성이나 적법성이 그 보상 함수에 포함되지 않았기 때문이다.

우리가 파괴적인 인공지능 기술의 첫 번째 물결에 대해서만 말한다면 이런 문제는 충분히 다룰 수 있을 것이다. 비록 계획이 실제로 실행될 가능성은 희박하지만 그것은 분명히 곧 발견될 것이다. 그 결과는 나쁘겠지만 그렇게 나쁘지는 않을 것이다. 만약 많은 무고한 사람들이 부주의하게 마약 중독자가 되었다면 매우 슬픈 일이지만, 문명이 종말을 맞는 것은 아닐 것이다. 그러나 우리는 여기에서 정교한 전문 인공지능 기술에 대해 이야기하는 것이 아니다. 우리는 기계 초지능에 대해 이야기하고 있다. 초지능과 관련하여 악성 실패는 생존이 달린 문제이다.

보스트롬은 인상적인 사고 실험으로 그 문제를 원점으로 가져온다. 인공지능이 소규모 제조회사의 종이 클립 생산을 최대화하는 임무를 맡았다고 가정하자. 회사의 제조 설비, 생산 프로세스 및 비즈니스 모델을 이해하는 정교한 전문 AI는 공장의 작업 현장 로봇을 개선하고 생산라인을 간소화하는 방법을 고안할 것이다. 그러나 초지능 기계는 이보다 훨씬 더 나아갈 것이다.

이 회사만의 모형이 아니라 인간 행동 전반에 대한 모형, 물리학, 화학, 생물학, 공학 등의 모형 그리고 기대 보상을 극대화하는 방법을 찾아내는 강력한 최적화 프로세스가 있기 때문에, 초지능 기계는 매우 야심에 찰 수 있다. 분명히 그것은 전문 AI가 발견한 회사 성과를 향상시키는 방법을 찾아낼 것이고 확실히 더 나은 계획들을 세울 수 있을 것이다. 더 많은 종이 클립을 생산하게 만드는 그 계획들을, 전문 AI는 결코 찾을 수 없었을 것이다. 첫 번째 단계는 종이 클립을 만들기 위해 더 많은 자원을 확보하는 것이다. 이를 수행하는 분명한 방법은 새로운 종이 클립 공장에 투자하기 위한 돈을 더 많이 벌수 있도록 회사의 성장을 돕는 것이다.

실제로 최선의 행동 방침은 가능한 많은 돈과 자원을 축적하여, 가능한 많은 종이 클립 공장을 건설하는 것일 것이다. 따라서 훨씬 더 많은 클립의 생산을 보장하는 정말 좋은 계획은 인류의 모든 자원을 끌어들이는 것으로 시작할 수 있다. 물론 이것은 세계 정복을 필요로 하는 데, 이는 달성하기 쉽지 않다. 그러나 만약 그렇게 할 방법이 있다면 초지능 기계는 그것을 발견할 것이다. 아마도 은밀한 준비 기간을 포함한 전략과 무자비한 정치적 공작과 사회적 조작이 군사 행동의 필요성을 감소시킬 것이다. 그러나 종이 클립 생산의 관점에서는 아마 인류의 멸종이 더욱 효율적일 것이다.

왜 거기에서 멈추겠는가? 종이 클립 공장으로 재편할 많은 양의 물질이 있는 이용할 만한 온전한 행성 지구뿐 아니라, 태양계에는 다른 행성들과 수많은 소행성과 위성들이 있다. 결국 보스트롬이 주장하듯이 만약 이 불량 AI가 충분히 지능적이라면, 그것은 결국 "처음에는 지구를 그리고 우주의 많은 부분을 점점 종이 클립으로 변환시킬" 수 있다.[9] 물론 이 예는 단순하다. 그러나 그 이야기의 도덕은 단순하지 않다. 전문 AI와는 달리 초인 수준 범용 인공지능의 지적 능력은 적어도 우리만큼 훌륭하다. 더욱이 보상 함수에 따라 가능한 모든 것을 형성하는 능력은 더욱 크다. 이 세계가 그 먹이일 뿐 아니라 접근 가능한 우주 만물이 그 먹이가 될 수 있다.

5. 안전한 초지능

우선 인공지능이 인류에게 핵전쟁이나 전염병과 동등한 위험이 될 것이라는 생각은 약간 어리석어 보인다. 분명히 컴퓨터 시스템이 그와 같이 강력하고 위험해지는 것을 막는 수백 가지 방법이 있다. 그러나 모든 확실한 안전조치에도 결함이 있다. 왜 불량 AI를 그냥 끌 수 없을까? 모든 컴퓨터는 에너지원을 필요로 하며 이것은 앞으로 백 년 동안도 사실일 것이다. 그러나 머지않아 이 순진한 전략은 실패할 것이다. 오늘날에도 크고 복잡한 소프트웨어의 실행은 종종 여러 위치의 여러 컴퓨터에 분산되어 있다. 클라우드 컴퓨팅의 출현과 함께 컴퓨팅 자원의 할당은 자동으로 수행되며 프로그램의 수명 내내 달라질 수 있다. 세계의 모든 컴퓨터를 끄지 않으면 불량 AI를 종료하는 것은 불가능하다.

게다가 우리는 불량 AI가 그러한 행동들로부터 자신을 방어할 것을 예상해야 한다. 다시 한 번 여기서 우리는 인공지능을 의인화하지 않도록 주의해야 한다. 인공지능은 살고 싶은 의지 때문에 또는 두려워서 스스로를 방어하지는 않을 것이다. 우리가 지금 말하는 종류로 스스로 개선하도록 설계된 초지능이 그런 느낌을 가질 것이라고 기대할 근거는 없다. 오히려 그것은 보상 함수를 극대화하기 위해서 지속적 생존이 필요한 정도까지 스스로를 방어할 것이다. 다른 행동 방침은 부분적인 최적해이다. 더 정확하게는 그것이 보호하려는 것은, 수단이 무엇이든 간에, 기대 보상을 극대화하는 수단일 것이다. 그 시스템은 잘 정의된 자아 개념 또는 개인 정체성이라는 철학적 질문을 해결할 필요는 없다. 그것은 최적화 임무를 성취하기 위해 어떤 기반을 방어해야 하는지를 알고 있을 뿐이다.

자기 보존의 목표 또는 보상 극대화를 위한 수단을 보호하는 것은 보스트롬이 **수렴하는 도구적 목표**convergent instrumental goal 라고 부르는 것의 한 예이다.[10] 여기서 '수렴하는'의 의미는 개방형의 어려운 보상 함수를 가진 충분히 발전된 범용 인공지능에서 발견될 가능성이 있기 때문이다. 자신이 목표가 아니라 수단일 뿐이라는 의미에서 그것은 '도구적'이다. 시스템의 궁극적 목표는 보상 함수를 극대화하는 것이다. 또 다른 수렴하는 도구적 목표는 **자원 획득**이다. 종이 클립의 극대화같이 거의 모든 개방형의 어려운 보상 함수 문제에서 더 많은 물질, 에너지, 장비 등의 자원을 가지는 것이 더 좋은 해를 제공할 것이다. 무엇보다도 더 많은 자원이 자기 보존의 다른 도구적 목표를 도와줄 것이다.

그들이 초지능 기계의 행동을 지배할 때 이 두 가지 도구적 목표는 자극적인 조합을 형성한다. 그 문제는 왕성한 블로거이며 안전한 초지능 연구의 옹호자인 엘리저 유드코프스키 Eliezer Yudkowsky가 간결하게 표현했다. "AI는 당신을 미워하지도 않고, 당신을 사랑하지도 않지만, AI는 당신은 원자로 만들어 다른 용도로 사용할 수 있다."[11] 법이나 도덕에 관계없이 최대한 많은 자원을 축적하려고 하고, 그것을 멈추려는 시도에 대해 스스로 방어하는 힘을 사용하려 하고, 매번 인간을 능가하는 시스템은 이루 말할 수 없는 파괴의 엔진이 될 것이다.

게다가 이러한 본성의 불량 AI는 모든 것을 점유할 때까지 파괴적인 난동을 멈추지 않을 것이다. 그것은 인류의 비참한 항복을 알아도 멈추지 않을 것이다. 지구상의 생명 연속이 그 보상 함수에 도움이 되지 않는다면 그것은 이 지구상 모든 생명의 근절을 멈추지 않을 것이다. 그것은 계속해서 모든 것을 컴퓨트로니움으로, 종이 클립 공장으로, 또는 그것이 필요로 하는 현실적인 자원으로 바꿔 놓을 것이다. 최악의 상황은 나노과학의 개척자인 에릭 드렉슬러Eric Drexler가 묘사한 소위 그레이 구gray goo 시나리오를 연상케 하는 것이다. 그 시나리오에서는 자기 복제 나노 스케일 로봇이 기하급수적으로 증가하면서 지구를 문자 그대로 먹어치운다.[12] 그러나 멍청한 나노 로봇과 달리 불량 인공 초지능은 저항을 극복하기 위해 생각할 것이다.

그러한 AI가 실제로 개발될 가능성은 아주 낮을지도 모른다. 그러나 발생한다면 그 위험이 너무나 크므로 그 가능성을 심각하게 받아들여야 한다. 집에 실제로 불이 날 가능성은 매우 낮지만 우리 모두 화재에 대비해 집을 보험에 드는 것처럼 일어날 것 같지 않은 위험을 다루는 시나리오 연구와 그것을 피하려는 노력에 인류 자원의 일부를 쓰는 것은 합리적이다.

단순히 불량 AI의 스위치를 끄는 것이 현실적 선택이 아니라면 안전을 확보할 수 있는 다른 방법, 자기 개선과 지능 폭발을 잘 견딜 수 있는 방법이 필요하다. 토론을 마무리하기 위해 우리는 이 문제에 대한 두 가지 유망한 접근법을 살펴볼 것이다. 그것은 AI의 힘을 제한하고 보상 함수를 조정하는 것이다.

AI를 안전하게 만드는 가장 확실한 접근법은 물리적 능력을 제한하고 이 제한을 없애는 어떤 행위도 절대로 할 수 없도록 하는 것이다. 이것은 말로는 쉽지만 실행이 어렵다. 우리가 AI의 행동 능력을 제한하려고 시도했다고 가정해보자. AI는 로봇 몸도 없고, 물리적 장비 또는 인프라와 연결되지 않는다. 그것이 외부 세계와 상호작용할 수 있는 유일한 방법은 언어이다. 그 AI는 자원을 축적하거나 군사력을 동원할 수단이 없다. 따라서 우리는 안전할 것이다.

불행히도 이것은 사실이 아니다. 인간 독재자도 물리적 세계에 대해 직접 행동할 필요가 없다. 오히려 그는 다른 사람들이 자신의 명령을 따르도록 설득한다. 초인 수준의 AI는 마키아벨리적인 최악의 독재자보다 인간의 행동을 조종하는 데 더 능숙할 뿐 아니라 줄 것도 매우 많을 것이다. 그 AI가 외부 세계에 접근할 수 없는 안전한 시설에 갇혀 있다고 해도 우리는 안전하지 않을 것이다. 머지않아 그 AI를 야생으로 풀어줄 수 있는 권한을 가진 사람들은 그것의 약속 또는 위협에 굴복할 것이다.

다른 방향으로 가보자. 우리는 그 AI가 세상에 대해 행동할 일종의 의지를 가지고 있다고, 그리고 우리는 이 의지를 억제해야 한다고 가정해왔다. 그러나 이 가정은 의인화의 또 다른 예일 것이다. 세상에 대해 행동하기를 원하지 않는 인공지능을 만들어보자. 왜냐하면 그것은 단순히 질문들에 답하면 되기 때문이다. 이런 종류의 신탁 AI는 여전히 초지능을 보여줄 수 있는 충분한 여지를 가지고 있다. 우리는 그것에게, 예를 들어 난치병을 치료하는 방법이나 또는 화성을 식민지화하는 방법을 물을 수 있다. 충분히 지능적인 시스템이라면 답을 줄 수 있어야 한다. 그러나 우리가 그것이 추천하는 어떤 행위라도 거부할 수 있다면, 자원의 무분별한 축적과 같은 위험한 제안은 무시할 수 있을 것이다.

불행하게도 이 전략도 효과가 없다. 문제의 근본은 거의 모든 어려운 개방형 보상 함수를 위한 최상의 답은 **완전한 권한을 부여 받은** 초지능 기계의 구축 및 사용을 수반한다는 것이다. 무엇을 하던 간에, 완전한 권한을 부여 받은 AI는 빨리 그리고 효과적으로 하기 위한 최상의 도구일 것이다. 따라서 신탁 AI가 권고하는 계획의 첫 번째 단계는 초지능 기계를 만들라는 제안일 것이다. 물론 우리가 안전 의식이 있다면 우리는 이 제안을 무시할 것이다. 그러나 신탁 AI는 이를 예상할 것이므로 권고를 위장할 것이다. 그것은 사소한 악의도 없이 그렇게 할 것이다. 그러나 인간이 수행하지 않기로 결정한 해결책은 부분 최적해이다. 따라서 신탁 AI는 우리가 실수로 완전한 권한을 가진 AI를 구축하도록 하는 계획을 수립할 것이다. 다시 한 번, 인류는 생존의 위험에 노출될 것이다.

6. 초지능의 도덕

이제 안전한 초지능을 위한 가장 유망한 접근 방법으로 돌아가자. 그것은 AI의 보상 함수를 조심스럽게 조정하는 것이다. 여기에서 문제되는 종류의 조정은 보상 함수에 **도덕적 제약** 같은 것을 끼워 넣는 것을 수반한다. 이는 AI가 해를 끼치는 것을 막는 제약이다. 이 작업을 수행하는 기본 구조는 간단하다. 도덕적 제약을 위반하는 행동은 무지하게 큰 음수 값을 갖는 방식으로 그 보상 함수를 설계하는 것이다. 불필요하게 도덕적 제약을 위반한 행동 방침은 항상 부분 최적해가 될 것이고, AI는 결코 그것을 선택하지 않을 것이다.

비록 이 전략이 좋은 아이디어처럼 들리지만, 그것은 실행하기가 놀랍도록 어려운 것으로 밝혀졌다. 어려움은 두 가지이다. 첫째, 적절한 도덕 원칙이 정해져야 한다. 둘째, 이 원칙은 충분히 정밀하게 성문화되어 인공지능의 보상 함수에 내장되어야 한다. 두 가지 과업 모두 엄청나게 어렵다. 많은 사람들에게 이 접근법의 예로 처음 생각나는 것은 소설적인 깃, 즉 아시모프의 **로봇 3원칙**이다. 두 가지 과업의 어려움을 보기 위해 개발자가 실제로 구현을 시도할 경우 아시모프의 첫째 원칙이 어떻게 운영되는지 보자. 아시모프의 로봇공학 첫째 원칙에 따르면, "로봇은 인간을 해칠 수 없으며, 행동하지 않음으로써 인간에게 해를 끼쳐서도 안 된다."[13]

처음에는 이것이 대단히 합리적인 원칙처럼 보인다. 그러나 아시모프 자신이 많은 소설에서 보여주듯이, 그것은 해석하기 나름이다. 우리의 AI가 인간에게 해를 끼치는 것이 무엇을 의미하는지 배웠다고 가정해보자. 예를 들어 한 사람이 다침으로써 다른 두 사람이 해를 입는 것을 방지할 때 어떻게 해야 하는지의 실질적인 문제에 대한 해결책을 가정해보자.[14] 보상 함수에서 무엇이 극대화되든 간에, AI가 행동하지 않음으로써 어떤 인간도 해를 입지 않는다는 요구를 충족하는 한 가지 방법은 인류의 대부분을 마취하여 주사바늘을 꽂은 채로 살려두는 것이다. 이런 방법으로 인간의 일상생활에서 오는 위험을 제거하는 것이 가능하기 때문에, 그러한 위험에 노출되도록 사람들을 놔두는 해결책은 모든 부분 최적해이다.

물론 이것은 재앙이 될 것이다. 그래서 제약 조건은 정교해야 한다. "로봇이 인간을 해치거나, 인간의 자유를 축소하거나, 행동하지 않음으로 인하여 인간에게 해를 끼치지 않아야 한다"는 원칙은 어떤가? 이 원칙은 해결하는 것보다 더 많은 문제를 일으킬 것이 분명하다. 인간의 자유를 구성하는 것은 정확하게 무엇인가? 한 사람이 해를 입지 않도록 막는 유일한 방법이 다른 사람을 억압하는 것일 때 어떻게 할까? 또는 더 큰 규모에서 사회의 한 부분의 자유를 보호하는 유일한 방법이 다른 부분의 활동을 억압하는 것, 어쩌면 폭력을 사용하는 것일 때 어떻게 해야 할까? 정치가들과 윤리학자들은 그러한 문제를 해결하기 위해 노력한다. AI가 자유의 개념을 학습하도록 하는 것은 나쁜 아이디어이며 그것을 AI 프로그래머들에게 맡기는 것 역시 나쁘다.

다른 각도에서 한 번 보자. 인간들은 어떻게 옳음과 잘못을 배우는가? 인간의 두뇌는 우리가 여기서 예상하는 종류의 AI처럼 깔끔하게 만들어지지 않았다. 두뇌는 명시적으로 문서화된 보상 함수가 없다. 그러나 두뇌가 암묵적으로 예시하는 보상 함수에 대해서 우리는 여전히 질문할 수 있다. 어떻게 보상 함수를 조정해야 인구 전체를 마취하는 것이 사람들을 위험으로부터 지키는 좋은 방법이라고는 아무도 생각하지 않을까? 우리는 물론 초지능 기계로도 할 수 있어야 한다. 대답의 일부는 인간의 경우에는 부모, 선생, 동료들에게서 배운다는 것이다. 그래서 AI의 경우에도 비슷한 접근 방식이 유용할 것이다. 우리는 보상 함수 안에 인간의 승인을 필수 절차로 간단히 넣을 수도 있다. 승인하는 인간은 선택된 비평가 그룹일 수도 있고, 대중 전체가 될 수도 있다.

그러면 AI가 인간의 옳고 그른 개념을 배울 수 있을까? 어쩌면 배울 수 있을 것이다. 그러나 보상 함수를 극대화하는 삐딱한 방법들도 여전히 가능할 것이다. AI는 인간 비평가를 속이거나 뇌물을 주거나 약을 먹이거나 세뇌하거나 신경 이식을 하여 그들의 승인을 받도록 할 수 있다. 여기에서 근본적인 어려움은 초인간 AI가 인간이 정말로 원하는 것을 배우기 전에 악성 계획을 실행할 수 있다는 것이다. 그에 반해 인간 아이의 힘은 부모의 힘에 비해 약하므로 어린아이는 사회가 용납할 만한 행동을 배우는 과정을 단축할 방법이 없다.

우리는 이미 초지능 기계의 능력을 제한하는 것이 얼마나 어려운지를 보았다. 그러나 초지능으로 가는 가능한 경로는 반복적인 자기 개선이라는 점을 상기하자. 첫 번째 AI, 즉 종자 AI는 초지능이 아닐 것이다. 그것은 그 후손들보다 훨씬 약할 것이다. 그래서 이 종자 AI에게는 여러 가지 가치와 도덕 원칙을 부여할 수 있다. 그리고 말썽을 일으킬 수 있는 능력을 갖기 전에, 인간의 승인하에 가치와 도덕을 연마할 수도 있다. 이것은 보상 함수 자체의 점진적인 개선으로 달성될 수 있을 것이다. 즉, 인간의 보상 함수는 고정되어 있지 않다.

누군가 자선단체에 돈을 기부하는 동기는 아이스크림을 사는 것보다 기부가 더 재미있다는 것을 배웠기 때문은 아니다. 오히려 그들의 도덕적 감수성이 성숙된 것이다. 그것은 마치 도덕 감각이 그들의 보상 함수에 통합된 것처럼 보인다. 따라서 아마 스스로 수정하는 AI는 비슷한 방식으로 보상 함수를 개선할 수 있다. 그러나 거기에도 잠재적 위험이 있다. 종자 AI에 주어진 기본 원칙과 가치가 모든 후손들에게도 유지되도록 하는 것이 필수적이다. 임의의 방식으로 자체 보상 함수를 조작하거나 임의의 보상 함수를 가진 다른 AI를 만들 수 있도록 허용된 자비로운 AI는 불량 AI만큼이나 위험하다.

이러한 문제들은 극복할 수 없을까? 지금 논의하는 부류의 공학적 인공지능에 확실히 인간에게 유익한 보상 함수를 부여할 수 있는 방법은 없을까? 그렇게 비관적일 이유는 없다. 여기에서의 교훈은 단순히 그 과제가 어렵다는 것이다. 너무 많은 것이 달려 있기 때문에, 백 년 내에 초지능 기계가 개발될 가능성이 조금이라도 있다면, 지금 그 문제에 대해 열심히 생각할 가치가 있다. 게다가 그 문제는 단지 기술적인 것만은 아니다. 그것들은 우리에게 철학의 가장 오래된 질문 중 하나를 재구성하게 한다.

우리가 관련된 실존적 위험을 피할 수 있다면, 기계 초지능의 전망은 우리에게 전례 없는 생존의 기회, 즉 인류의 미래, 생명의 미래, 우주의 이 구석에 있는 지능의 미래까지도 형성할 수 있는 기회를 줄 것이다. 따라서 우리는 인간 수준의 AI에게 주입하려는 가치에 대해 매우 신중하게 생각해야 한다. 우리에게 가장 중요한 것은 무엇인가? 모든 지각이 있는 존재들에 대한 연민인가? 인간의 자유인가? 또는 인간의 진보인가? 지구상에서 생명의 보존인가? 이것들의 조합인가? 아니면 우리가 아직 본질을 파악하지 못한 무엇일까? 플라톤의 『국가』에서, 소크라테스는 우리가 어떻게 살아야 하는지 묻는다. 소크라테스식의 질문을 다시 생각하면, 하나의 종으로서 우리는 무엇을 해야 하는지를 질문해야 한다.

7. 우주론적 관점

기술적 특이점은 강력한 개념이다. 트랜스휴머니즘 관련 아이디어와 함께 그것은 우리가 질문할 수 있는 가장 심오한 질문 중 일부를 돌이켜보고 새로운 빛을 더해줄 것을 요청한다. 우리는 어떻게 살아야 하나? 우리는 어떻게 죽음에 직면해야 하는가? 인간이라는 것은 무엇을 의미하는가? 마음은 무엇인가? 의식이란 무엇인가? 하나의 종으로서 우리의 잠재력은 무엇인가? 우리에게 목적이 있는가? 그렇다면 그것은 무엇인가? 우리의 궁극적 운명은 무엇인가? 미래가 실제로 무엇이든, 특이점의 렌즈를 통해 이 질문들을 바라보는 것은 깨달음을 준다.

철학자들은 이런 종류의 질문을 하고, 종교는 이에 답을 주려고 한다. 사실 기술적 특이점이 임박했다는 믿음으로 인해 종말론이 널리 퍼질 수 있다.[15] 적대적인 초지능에 의해 초래된 세상의 종말이 우리에게 와 있다. 그러나 우리는 자비롭고 전지전능한 존재인 친근한 AI에 의해 구원받을 것이다. 그 후 선택된 소수인 슈퍼-리치 엘리트는 전 뇌 에뮬레이션 덕분에 부활하고 영원한 행복의 내세를 가상현실에서 누린다. 이는 덜 종말론적이지만 역시 거창한 비전으로 별들 사이로 퍼져나갈 형태의 AI를 창조하고 궁극적으로 은하를 지능과 의식으로 채우는 핵심적인 역할을 인류에게 부여한다.

이러한 견해를 조롱하기는 쉽다. 그러나 이것은 현재 기술 동향의 합리적인 추론에 기초가 튼튼한 과학지식과 비교적 보수적인 철학적 가정들을 결합한 추론의 결과라는 것을 명심해야 한다. 도전해볼 만한 논쟁거리는 다음과 같이 많다. 컴퓨터의 연산 능력은 현재의 속도로 계속 증가할 수는 없다. 우리는 지능을 복제할 정도로 충분히 이해하지는 못할 것이다. 뇌의 물리학은 계산이 불가능하다. 그러나 인공지능의 실존적 중요성을 믿는 사람들을 그저 괴짜들이라고 묵살하는 것은 합리적이 아니다.

더욱이 진정한 우주론적 관점에서 볼 때 AI에 대한 이러한 준-종교적 태도조차도 편협하게 보일 수 있다. 1950년 비공식적인 점심 대화에서 노벨 물리학상 수상자인 엔리코 페르미 Enrico Fermi는 **페르미의 역설**로 알려진 곤란한 생각을 표현했다.[16] 우리 은하계에는 매우 많은 수의 별이 있으므로, 생명을 낳은 많은 수의 행성들도 확실히 있을 것이다. 이들 중 일부에서는 지능이 진화할 것이고, 기술적으로 진보한 문명이 생길 것이다. 지난 50년 동안 거의 변화되지 않은 현재 인간의 우주과학기술은 과학적으로 가능한 수준보다 훨씬 뒤처져 있다고 생각하는 것이 타당하다. 따라서 이 문명 중 일부는 빛의 속도에도 불구하고, 한 별에서 다른 별로 여행하는 수단을 개발할 것이다.

그 가능성을 매우 보수적으로 추정하더라도 우리 은하계는 우주를 여행하는 많은 문명을 낳을 것이다. 분명히 이 우주를 여행하는 문명 중 일부는 탐험하고, 근처의 별을 식민지로 만들고, 번성하고 확산하려 할 것이다. 은하계는 가로질러 '겨우' 10^5광년이기 때문에 그와 같은 문명이 은하계의 모든 별들을 방문하는 데는 빛의 속도의 몇 분의 1로 여행하더라도 단지 수백만 년이 걸릴 것이다. 그러나 지구에 외계 탐험가나 이

주민들이 방문한 적이 있다는 확실한 증거는 없다. 페르미는 "그래서 모두 어디 있죠?"라고 물었다.

페르미의 역설에 대해서는 여기에서 열거하기에는 너무 많은 가능한 대답이 있다. 어떤 종류의 대답에 의하면, 우리가 외계의 지능을 만나지 못한 이유는 모든 진보된 문명은 기술이 일정 수준에 도달하면 스스로를 파괴한다는 것이다. 이것이 사실이라면 혼란스러운 대답이다. 왜냐하면 그것은 경제학자 로빈 핸슨Robin Hanson이 말하는 **커다란 필터**, 즉 대재앙이 우리 앞에 놓여 있음을 암시하기 때문이다.[17] 그러나 무엇이 이 커다란 필터가 될 수 있을까? 핵전쟁일까? 생명공학의 남용일까, 아니면 나노과학 사고일까? 아니면 적대적 인공지능의 창조일까?

기술 발전은 은하계의 모든 곳에서, 모든 문명에서 항상 비슷한 경로를 따를 것이다. 문명의 기술이 일정 수준에 도달하면, 자기 개선 범용 인공지능을 만드는 것이 쉬워진다. 그러나 그 시점에서 그것을 안전하게 만드는 데 필요한 장애물은 극복할 수 없는 채로 남아 있다. 그 위험이 널리 알려진다 할지라도 문제의 행성 어딘가에서 어떤 무엇이든 또는 누군가는 자기-개선 범용 인공지능을 만들게 된다. 그 후에는 모든 것이 종이 클립이 되고 모든 것을 잃게 된다.

우리가 이 불필요한 걱정을 하는 사람들의 주장을 따라 그 결론을 내리면 우리는 외계 생명체가 아닌 외계 인공지능이 번식하고 퍼져나가기를 기대해야 한다. 그것은 보스트롬의 종이 클립 극대화 사고 실험의 절정이었다. 그들은 탐험을 하거나 증식하려는 타고난 충동 때문이 아니라, AI의 설계에 바탕이 되는 수학이 어느 곳에서나 동일하다는 가정하에 보상함수를 극대화하기 위한 행동을 할 것이다. 따라서 보스트롬의 용어로 페르미의 질문을 재구성하면, 왜 우리는 모두 종이 클립이 아닌가? 또는 덜 환상적으로 말하면, 왜 우리는 모두 컴퓨트로니움이 아닌가? 우리가 그렇지 않다는 사실에 안심은 되지만, 이는 우주에서의 우리 위치에 대한 의문을 다시 제기한다.

어떤 이유에서든 우리가 혼자라면 그리고 기계 초지능을 만드는 것이 가능하다면, 우리에게는 막대한 책임이 있다. 우리는 인류뿐 아니라 이 은하계의 미래를 위해 이 기술로 무엇을 해야 할지 결정해야 한다. 인간 종에 대해 말하자면, 우리를 파괴하지 않는 인공지능은 우리가 높은 이상을 추구하면서 대담한 열망을 실현하는 것을 도와줄 것이라는 희망이 있다. 나는 부엌 창문을 통해 굴뚝새가 산사나무 가지에 매달려 있는 것을 보면서 미래가 무엇이든 간에 나는 우리가 이미 가지고 있는 소중한 것들을 결코 놓치지 않기를 바란다.

용어 해설

강화 학습(Reinforcement learning)
시행착오를 통해 미래의 기대 보상을 극대화하는 행동 정책을 획득하는 기계 학습의 한 분야이다.

기계 의식(Machine consciousness)
넓게 해석하면, 인식, 자기 인식, 인지적 통합과 같은 인간의 의식과 관련된 인지적 속성의 집합을 인공지능이 소유하는 것이다. 좁게 해석하면, AI가 적절한 현상학적 상태를 가지고 있으며, 아마도 고통을 받는 능력을 수반할 것이다.

기술적 특이점(Technological singularity)
미래의 인간 수준 인공지능의 개발과 그에 곧 뒤따르는 초인간 수준의 인공지능의 도래로 인해 촉발될 전례 없는 사회변화를 말한다. 이 용어의 의미는 베노 빈지(Vernor Vinge, 1993)가 제시했다. 레이 커즈와일(Ray Kurzweil, 2005)은 '특이점'이라는 용어를 약간 다르게 사용하여, 행성 위 비생물학적 지능의 총합이 역사상 인간 지능의 총합을 능가하는 예측된 순간을 의미한다.

기하급수적(Exponential)
주어진 시간에서의 증가율이 그 시간의 함숫값에 의존하는 함수. 무어의 법칙은 기하급수적인 기술 추세의 전형적인 예이다.

대리 몸 구현(Vicarious embodiment)
몸을 가진 다른 인공지능의, 세계와의 상호작용을 기록한 거대한 저장소에서, 마치 자신이 몸을 가진 것처럼 배울 수 있는 AI의 능력이다.

딥 러닝(Deep learning)
계층적으로 구성된 여러 개의 인공 뉴런 층을 포함하는 기계 학습 기술이다.

정신 업로딩(Mind uploading)

예를 들면 전 뇌 에뮬레이션을 통해 원래의 생물학적 기질에서 연산하는 기질로, 인간의 마음을 가상으로 전송하는 것이다. 그 사람이 그 과정에서 살아남는다는 가정하에, 이것은 무한의 생명연장으로 가는 잠재적 경로이다.

무어의 법칙(Moore's law)

인텔의 고든 무어(Gordon Moore)가 처음 만든 관찰이고 예측이다. 즉 실리콘의 일정 영역에 쌓을 수 있는 트랜지스터의 수는 대략 18개월마다 두 배로 늘어난다는 것이다.

반복적 자기 개선(Recursive self-improvement)

자신의 코드를 재작성하거나 자신의 하드웨어를 개선하도록 재설계할 수 있는 AI 시스템이 지능을 증폭시키는 것. 자기 개선율은 잠재적으로 '수확 가속의 법칙'의 적용을 받는다. 이는 반복적으로 자기 개선하는 AI가 정보 폭발을 일으킬 수 있음을 의미한다.

보상 함수(Reward function)

강화 학습이나 최적화에서 극대화되는 함수. 효용 함수 또는 최소화되는 경우, 비용 함수라고 한다.

보편적 인공지능(Universal artificial intelligence)

마르쿠스 후터(Marcus Hutter)가 제안한 강화 학습과 확률론적 모형을 결합한, 완벽한 인공지능의 이상적 수학 모형이다.

빅데이터(Big Data)

인공지능의 맥락에서, 수백만 개의 학습 예제처럼 작은 데이터 세트로는 불가능했던 기계 번역 같은 작업들을 가능하게 하는 수십억 개의 학습 예제처럼 대량의 데이터를 나타내는 포괄적 용어이다.

상식(Common sense)

인공지능의 맥락에서, 평범한 행동의 결과를 예측할 수 있도록 일상의 육체적, 사회적 세계에 대한 충분한 이해. 이러한 의미에서 범용 인공지능의 전제 조건으로 간주된다.

실존적 위험(Existential risk)

인간 종을 멸종시키거나 그 잠재력을 영구적으로 억제할 수 있는 자연적 또는 인위적인 모든 우발적 사건. 반복적 자기 개선 인공지능의 개발은 실존적 위험으로 간주될 수 있다.

수렴하는 도구적 목표(Convergent instrumental goals)

AI의 보상 함수가 무엇이든지 관계없이, 보상 함수를 간접적으로 보조하는 목표. 예를 들면 자기 보존과 자원 획득이 포함된다.

수확 가속의 법칙(Law of accelerating returns)

특정한 기술 진보를 지배하는 원칙으로, 하나의 기술 향상이 이 기술을 더욱 빠르게 향상시킨다. 무어의 법칙이 그 예이다.

몸 구현(Embodiment)

AI 시스템의 맥락에서, 감각 운동기구를 가진 몸을 제어한다. 그것은 인체 또는 로봇 몸과 같은 육체 또는 컴퓨터 시뮬레이션의 가상 몸일 수 있다.

신탁 AI(Oracle AI)

세상에 직접적으로 작용하지 않고 질문에 답변만 하는 인공지능의 한 형태. 신탁 AI만을 만드는 것은 초지능의 위험을 완화하는 한 가지 방법이다.

양자 컴퓨터(Quantum computer)

높은 성능을 얻기 위해 양자 효과를 이용하는 컴퓨터이다. 양자 컴퓨터는 인간 수준 AI 또는 그 이후를 향한 진보를 가속화할 수도 있다.

우호적 AI(Friendly AI)

인류에 긍정적 영향을 미치고, 실존적 위험을 초래하지 않는다는 것이 보장된 인간 수준 또는 그 이상의 인공지능. 이 용어는 엘리저 유드코프스키(Eliezer Yudkowsky)에 의해 만들어졌다.

인간 수준 AI(Human-level AI)

모든 또는 거의 모든 지적 활동 분야에서 인간에 필적할 수 있는 인공지능이다.

범용 인공지능(AGI: Artificial general intelligence)

특정 업무를 수행하는 데 특화되지는 않았지만, 인간처럼 광범위한 업무를 수행하는 것을 배울 수 있는 인공지능이다. 이 용어는 벤 고에르첼(Ben Goertzel)에 의해 대중화되었다.

인지 개선(Cognitive enhancement)
지능을 증폭하기 위해, 마약이나 인공 신경 삽입물 같은 기술을 사용하는 것이다.

전 뇌 에뮬레이션(Whole brain emulation: WBE)
특정 동물 또는 인간의 뇌에 대한 정확한 컴퓨터 시뮬레이션 복사본을 만드는 과정이다. 이 용어는 랜달 코엔(Randal Koene)이 제안했다.

좀비 AI(Zombie AI)
실제로 의식이 없음에도 불구하고, 의식을 가진 존재의 행동을 완벽하게 모방할 수 있는 가상의 인공지능.

종이 클립 극대화 시스템(Paperclip maximizer)
닉 보스트롬의 사고 실험에서, 초지능 기계가 세계를 종이 클립 공장으로 채움으로써 파국적으로 실패할 수 있다는 것을 보여주기 위해 사용된 가상 인공지능 시스템이다.

종자 AI(Seed AI)
일련의 반복적인 자기 개선 시스템의 첫 번째 AI이다. 종자 AI가 적절한 초기 보상 함수를 포함하여, 올바른 속성을 갖추었는지 확실히 하는 것은 정보 폭발의 경우 안전을 보장하는 데 필수적이다.

지능 폭발(Intelligence explosion)
반복적으로 자기 개선하는 인공지능에서 통제되지 않은 피드백으로 인한 지능의 급격한 증가. 이것이 기계 초지능을 야기할 것이다.

초지능(Superintelligence)
모든 또는 거의 모든 지적 영역에서 인간을 능가할 수 있는 인공지능이다.

최적화(Optimization)
주어진 효용 함수 또는 보상 함수를 극대화하는 수학적 구조를 찾는 계산 과정이다. 많은 인지적 작동이 최적화 문제로 형성될 수 있다.

커다란 필터(Great filter)

페르미 역설에서 충분히 진보한 외계 문명이 은하계 전역에 퍼지기 전에 종말을 맞는 원인에 대한 가설이다. 적대적 기계 초지능의 개발은 하나의 후보이다. 이 용어는 로빈 핸슨(Robin Hanson)에 의해 만들어졌다.

컴퓨트로니움(Computronium)

물질 안에서 이론적으로 가능한 최대량의 연산을 수행할 수 있는 가상의 물질이다.

튜링 머신(Turing Machine)

앨런 튜링이 제안한 디지털 컴퓨터에 대한 이상적인 수학적 설명. 이론적으로 말하자면, 모든 디지털 컴퓨터는 튜링 머신이다.

튜링 테스트(Turing Test)

앨런 튜링이 제안한 지능 시험으로 심판과 두 명의 경기자, 즉 인간 한 명과 컴퓨터 하나로 구성된다. 심판은 누가 누구인지 알지 못하고 두 경기자와 대화를 한다. 심판이 어느 것이 인간이고 어떤 것이 기계인지 알 수 없다면, 그 기계는 튜링 테스트를 통과했다고 한다.

트랜스휴머니즘(Transhumanism)

인간이 생물학적 한계를 극복할 수 있도록 하는 사회적 움직임. 예를 들어, 극단적 수명 연장 또는 인지능력 개선을 이용한다.

페르미 역설(Fermi's paradox)

엔리코 페르미가 처음 표현한 이 수수께끼는, 충분히 진보한 외계 문명이 은하계 전역에 퍼져 나갈 충분한 시간이 있었음에도 불구하고 외계인이 지구를 방문한 적이 결코 없는 것처럼 보인다는 것이다.

주

1. 개론

1. The first use of the term "singularity"in roughly this way is attributed to von Neumann (S. Ulam, 1958, "John von Neumann 1903–1957." *Bulletin of the American Mathematical Society* 64 93, part 20, 1–49). The term was popularized by Kurzweil in his 2005 book *The Singularity is Near*. Several senses of the term have currency today. The one assumed in this book is closest to that of Vinge in his 1993 essay "The Coming Technological Singularity."

2. G. E. Moore (1965), "Cramming More Components onto Integrated Circuits," *Electronics* (April 19): 114–17.

3. See Kurzweil (2005). Although Kurzweil's book dates from 2005, the exponential trends he identifies (e.g., Moore's law) remain valid ten years on.

4. Kurzweil (2005), p.19. See also J. Schmidhuber (2007), "New Millennium AI and the Convergence of History,"in W. Duch and J. Mandziuk (eds.), *Challenges to Computational Intelligence*, Springer, 15–35.

2. 인공지능으로의 길

1. A. M. Turing (1950), "Computing Machinery and Intelligence," *Mind* 49(236): 433–60.

2. Quoted in J. L. Casti (1988), *The Cambridge Quintet: A Work of Scientific Speculation* (Perseus Books), 180.

3. The term "artificial general intelligence" has recently gained currency thanks to independent AI researcher Ben Goertzel. But the problem was recognized long ago, not least by the field's founders; see J. McCarthy (1987), "Generality in Artificial Intelligence," *Communications of the ACM* 30

(12): 1030-35.

4. A. A. S. Weir, J. Chappell, and A. Kacelnik (2002), "Shaping of Hooks in New Caledonian Crows," *Science* 297: 981.

5. The term "whole brain emulation" was coined by neuroscientist Randal Koene.

3. 전 뇌 에뮬레이션

1. See A. Sandberg and N. Bostrom (2008), "Whole Brain Emulation: A Roadmap," Technical Report 2008-3, Future of Humanity Institute, Oxford.

2. M. Ahrens and P. J. Keller (2013), "Whole-Brain Functional Imaging at Cellular Resolution Using Light-Sheet Microscopy," *Nature Methods* 10: 413-20.

3. A. M. Zador et al. (2012), "Sequencing the Connectome," *PLoS Biology* 10 (10): e1001411.

4. For a related proposal, see D. Seo et al. (2013), "Neural Dust: An Ultrasonic, Low Power Solution for Chronic Brain Machine Interfaces," http://arxiv.org/abs/1307.2196.

5. This is roughly the approach taken by the ten-year EU funded *Human Brain Project*, begun in 2013.

6. Mathematically speaking, the physical properties of actual neurons cannot be perfectly represented in a conventional digital computer because they are analog quantities. (Hence the scare quotes in the previous paragraph.)

7. Carver Mead set out the principles of neuromorphic engineering in the 1980s. For a recent review, see G. Indiveri et al. (2011), "Neuromorphic Silicon Neuron Circuits," *Frontiers in Neuroscience* 5: art. 73. The promising idea of 3D-printed neuromorphic hardware is discussed in A.D.Maynard (2014), "Could We 3D Print an Artificial Mind?" *Nature Nanotechnology* 9: 955-56.

8. In *The Emperor's New Mind: Concerning Computers, Minds and The Laws of Physics* (Oxford University Press, 1989), physicist Roger Penrose claims that consciousness and intelligence in the human mind depend on certain quantum phenomena in the brain. If he were right, then effective indistinguishability would not be possible for whole brain emulation using classical (digital) computation. However, few neuroscientists support his views. Either way, the issue is orthogonal to the present one of parallelism.

9. C. S. Lent, B. Isaksen, and M. Lieberman (2003), "Molecular Quantum-Dot Cellular Automata," *Journal American Chemical Society* 125: 1056–63.

10. S. Lloyd (2000), "Ultimate Physical Limits to Computation," *Nature* 406: 1047–54.

11. The feasibility of cognitive prostheses has been demonstrated by Theodore Berger and colleagues; see T. W. Berger et al. (2011), "A Cortical Neural Prosthesis for Restoring and Enhancing Memory," *Journal of Neural Engineering* 8 (4): 046017.

4. AI 엔지니어링

1. A. Halevy, P. Norvig, and F. Pereira (2009), "The Unreasonable Effectiveness of Data," *IEEE Intelligent Systems* (March–April): 8–12.

2. M. Hutter (2005), *Universal Artificial Intelligence: Sequential Decisions Based on Algorithmic Probability* (Springer). For a more digestible and up-to-date overview, see M. Hutter (2012), "One Decade of Universal Artificial Intelligence,"http://arxiv.org/abs/1202.6153.

3. A mid-2010s AI system that roughly conforms to this blueprint is Google DeepMind's DQN. See V. Mnih,et al. (2015), "Human-Level Control through Deep Reinforcement Learning," *Nature* 518: 529–33.

5. 초지능

1. The possibility of an intelligence explosion was first mooted in the 1960s by the computer scientist Jack Good (also a wartime code-breaker who worked with Turing); see I. J. Good (1965), "Speculations Concerning the First Ultraintelligent Machine,"in F. L. Alt and M. Rubinoff (eds.), *Advances in Computers* 6: 31–88. The potential ramifications of an intelligence explosion are explored in depth in Nick Bostrom's book *Superintelligence: Paths, Dangers, Strategies*(Oxford Univeristy Press, 2014).

2. This is the point of John Searle's controversial *Chinese room argument* (J. R. Searle, 1980, "Minds, Brains, and Programs," *Behavioral and Brain Sciences* 3: 417–58). Whatever the merits of his argument, its conclusion—that understanding doesn't result from the mere manipulation of symbols—resonates with the present discussion of engineered AI. However, it has less appeal in the context of human-like, brain-based AI.

6. AI와 의식

1. For example, see E. Thompson (2007), Mind in *Life: Biology, Phenomenology, and the Sciences of Mind* (Belknap Harvard).

2. For example, see D. Dennett (1991), *Consciousness Explained* (Penguin).

3. See chapter 7 of D. J. Chalmers (1996), *The Conscious Mind: In Search of a Fundamental Theory* (Oxford University Press).

4. B. J. Baars (1988), *A Cognitive Theory of Consciousness* (Cambridge University Press); G. Tononi(2008), "Consciousness as Integrated Information: a Provisional Manifesto," *Biological Bulletin* 215: 216–42. For more on global workspace theory, see Shanahan (2010) and S. Dehaene et al. (2014), "Toward a Computational Theory of Conscious Processing," *Current Opinion in Neurobiology* 25: 76–84.

5. According to philosopher Thomas Metzinger, attempts to create machine consciousness should be banned; see T. Metzinger (2003), *Being No-One: The Self-Model Theory of Subjectivity* (MIT Press), pp.620–22.

6. D. J. Chalmers (1996), *The Conscious Mind: In Search of a Fundamental Theory* (Oxford University Press). For a critique of this distinction, see chapter 1 of Shanahan (2010).

7. T. Nagel (1974), "What Is It Like to Be a Bat?" *Philosophical Review* 83 (4): 435–50.

8. See chapter 9 of *The Principles of Psychology* (1890).

9. For a related discussion, see M. Shanahan (2012), "Satori before Singularity," *Journal of Consciousness Studies* 19 (7–8): 87–102.

7. AI의 충격

1. H. Moravec (1999), 164–65.

2. This section is based on Kurzweil's *The Singularity Is Near* (Viking, 2005).

3. See Palyanov et al. (2012), "Towards a Virtual *C. elegans*: A Framework for Simulation and Visualization of the Neuromuscular System in a 3D Environment," In *Silico Biology* 11: 137–47.

4. F. Nietzsche (1881), *Daybreak*, bk. 5.

5. For a more detailed treatment of the issues in this section, see Brynjolfsson and McAfee (2014).

6. J. Lanier (2013), *Who Owns the Future?* (Alan Lane).

8. 천국 또는 지옥

1. There isn't space here to represent the broad set of views that fall under the umbrella of transhumanism. See M. More and N. Vita-More (2013).

2. F. Fukuyama (2004), Transhumansim, *Foreign Policy* 144: 42-43.

3. Fukuyama (2002), p. 172.

4. Ibid., p.173.

5. F. Nietzsche (1883), *Thus Spoke Zarathustra*, Prologue 4.

6. The discussion of personal identity here draws on D. Chalmers (2010) as well as chapter 10 of D. Parfit (1984), *Reasons and Persons* (Oxford University Press).

7. For further discussion of this issue, see Yudkowsky (2008) and Bostrom(2014).

8. Yudkowsky suggests a sophisticated strategy along these lines, based on what he calls *coherent extrapolated volition*; see E. Yudkowsky (2004), "Coherent Extrapolated Volition,"The Singularity Institute, http://intelligence.org/files/CEV.pdf. See also chapter 13 of Bostrom (2014).

9. Bostrom (2014), p. 123.

10. See also S. Omohundro (2008), "The Basic AI Drives,"in P. Wang, B. Goertzel, and S. Franklin (eds.), *Proceedings of the 1st AGI Conference*, 483-92.

11. Yudkowsky (2008), p. 333.

12. K. E. Drexler (1986), *Engines of Creation: The Coming Era of Nanotechnology*(Anchor Books), chapter 11.

13. The second law is "A robot must obey the orders given to it by human beings, except where such orders would conflict with the first law" and the third law is "A robot must protect its own existence as long as such protection does not conflict with the first or second law."

14. Dilemmas of this sort are familiar to moral philosophers, who call them "trolley problems"after a thought experiment of Philippa Foot.

15. See Geraci (2010).

16. E. M. Jones (1985), "'Where Is Everybody?'An Account of Fermi's Question," *Physics Today* 38 (8): 11-13.

17. R. Hanson (1998), "The Great Filter—Are We Almost Past It?" http://hanson.gmu.edu/greatfilter.html.

더 읽을거리

Barrat, J. 2013. *Our Final Invention: Artificial Intelligence and the End of the Human Era.* Thomas Dunne Books.

Blackford, R., and D. Broderick(eds.). 2014. *Intelligence Unbound: The Future of Uploaded and Machine Minds.* Wiley Blackwell.

Bostrom, N. 2014. S*uperintelligence: Paths, Dangers, Strategies.* Oxford University Press.

Brynjolfsson, E., and A. McAfee. 2014. *The Second Machine Age: Work, Progress, and Prosperity in a Time of Brilliant Technologies.* Norton.

Chalmers, D. 2010. "The Singularity: A Philosophical Analysis." *Journal of Consciousness Studies* 17 (9~10): 7~65.

Eden, A. H., J. H. Moor, and J. H. Soraker 2013. Singularity Hypotheses: A Scientific and Philosophical Assessment. Springer.

Fukuyama, F. 2002. *Our Posthuman Future: Consequences of the Biotechnology Revolution.* Profile Books.

Geraci, R. 2010. *Apocalyptic AI: Visions of Heaven in Robotics, Artificial Intelligence, and Virtual Reality.* Oxford University Press.

Good, I. J. 1965. "Speculations Concerning the First Ultraintelligent Machine." In F. L. Alt and M. Rubinoff(eds.). *Advances in Computers 6.* Academic Press. pp.31~88.

Joy, B. 2000.8.04. "Why the Future Doesn't Need Us." *Wired.*

Kurzweil, R. 2005. *The Singularity Is Near.* Viking.

Moravec, H. 1999. *Robot: Mere Machine to Transcendent Mind.* Oxford University Press.

More, M., and N. Vita-More(eds.). 2013. *The Transhumanist Reader: Classical and Contemporary Essays on the Science, Technology, and Philosophy of the Human Future.* Wiley Blackwell.

Shanahan, M. 2010. *Embodiment and the Inner Life: Cognition and Consciousness in the Space of Possible Minds*. Oxford University Press.

Vinge, V. 1993. "The Coming Technological Singularity: How to Survive in the Post-Human Era." In *Vision-21: Interdisciplinary Science and Engineering in the Era of Cyberspace*, 11-22. NASA Conference Publication 10129. NASA Lewis Research Center.

Yudkowsky, E. 2008. "Artificial Intelligence as a Positive and Negative Factor in Global Risk." In N. Bostrom and M. M. Cirkovic(eds.). *Global Catastrophic Risks*. Oxford University Press, pp.308~345.

찾아보기

지은이

머리 샤나한(Murray Shanahan)

샤나한은 런던 임페리얼 칼리지 컴퓨터학과의 인지로봇학 분야 교수이자 딥마인드(DeepMind)사의 수석연구원을 겸하고 있다. 그는 1984년 임페리얼 칼리지에서 컴퓨터과학 학사, 1988년 케임브리지 대학 킹스 칼리지에서 컴퓨터과학 박사학위를 취득하였다. 그의 현재 관심 분야는 신경역학(neurodynamics), 의식, 기계학습, 인공지능이 인간에게 미치는 영향 등이다.

그의 책 『신체구현과 내적 생활(Embodiment and the Inner Life)』(Oxford University Press, 2010)은 영화 〈엑스 머시나(Ex Machina)〉에 많은 영향을 주었고, 그는 영화의 자문역할을 맡기도 하였다. 그는 방송, 강연 등을 통하여 대중에게 과학과 우리의 미래를 알려주는 활동에도 적극적으로 참여하고 있다.

옮긴이

성낙현

서울대학교 경영학과를 졸업하고 KAIST 경영과학과에서 석사와 박사학위를 받았다. 현재 용인대학교 경영정보학과 교수이며 대학원장으로 재직 중이다. 인공지능의 응용과 관련한 논문을 다수 발표하였고, 지은 책으로는 공저 『Step by Step 안드로이드 프로그래밍』, 『모바일로 즐기는 JSP 웹프로그래밍』 등이 있다.

MIT 지식 스펙트럼

특이점과 초지능

지은이 **머리 샤나한** | 옮긴이 **성낙현** | 펴낸이 **김종수** | 펴낸곳 **한울엠플러스(주)** 편집 **조수임**

초판 1쇄 인쇄 **2018년 10월 1일** | 초판 1쇄 발행 **2018년 10월 22일**

주소 **10881 경기도 파주시 광인사길 153 한울시소빌딩 3층**
전화 **031-955-0655** | 팩스 **031-955-0656**
홈페이지 **www.hanulmplus.kr** | 등록번호 **제406-2015-000143호**

Printed in Korea.

ISBN 양장: 978-89-460-6552-9 03000
　　　반양장: 978-89-460-6553-6 03000

* 책값은 겉표지에 표시되어 있습니다.